南懷瑾文化

南懷瑾與楊管北

劉雨虹 編

出版說明

南師懷瑾先生，自從一九四九年由大陸來到台灣，至一九八五年離台赴美，總共在台灣居住達三十六年之久。

初到台灣時，由於戰後台灣光復未久，以往又經過日本半個世紀的占領，故而百廢待舉，中華文化不見蹤影，正統佛法更付闕如，令人頗有化外之歎。

一九五五年，南師所著《禪海蠡測》問世，之後，南師更積極倡導文化之復興，因緣聚會由禪宗起步，隨緣結緣，對孔門學養學術更加竭力推廣。

在台期間，與眾多為學為道的交往之中，有位楊管北先生，二十年來與南師的情誼，甚為特殊，是道情，更是友情，故而特將有關資料檢出，編輯成冊，以饗讀者。

楊管北先生，幼入私塾，熟讀四書五經，後為滬上航業巨子，到台灣後，並任立法委員之職。一九五五年於赴德國開會時，病倒街頭獲救。次年返台，結識南師，學習靜坐，漸入禪宗之學。因有儒學根基，契入較易，頗有所得。

楊老秉承家訓，及傳統文化之教，一向樂善好施，譽遍各方。

本書內容分上下兩篇，上篇有楊老對南師及南師倡導的文化持久支援的記述；有楊老參加禪七的點點滴滴；有南師一九七七年閉關的日記，記錄南師出關探視與死神搏鬥的楊老；另有南師與楊老的互動，以及所言所行，感人至深。

下篇則收錄了楊老有關文化方面的講錄數篇。

可惜的是，因年代久遠，照片收集難得。

感謝晏浩、宏忍師、牟煉、彭敬等各位的協助，本書才得提早編輯完成出版，尚有未盡之處，待來日再補充吧。

劉雨虹 記

二〇一六 冬月

目錄

道情　友情　醫情　43

追思楊管北先生　89

下篇　楊管北先生講演錄

上篇

廿載春風秋雨

一封信

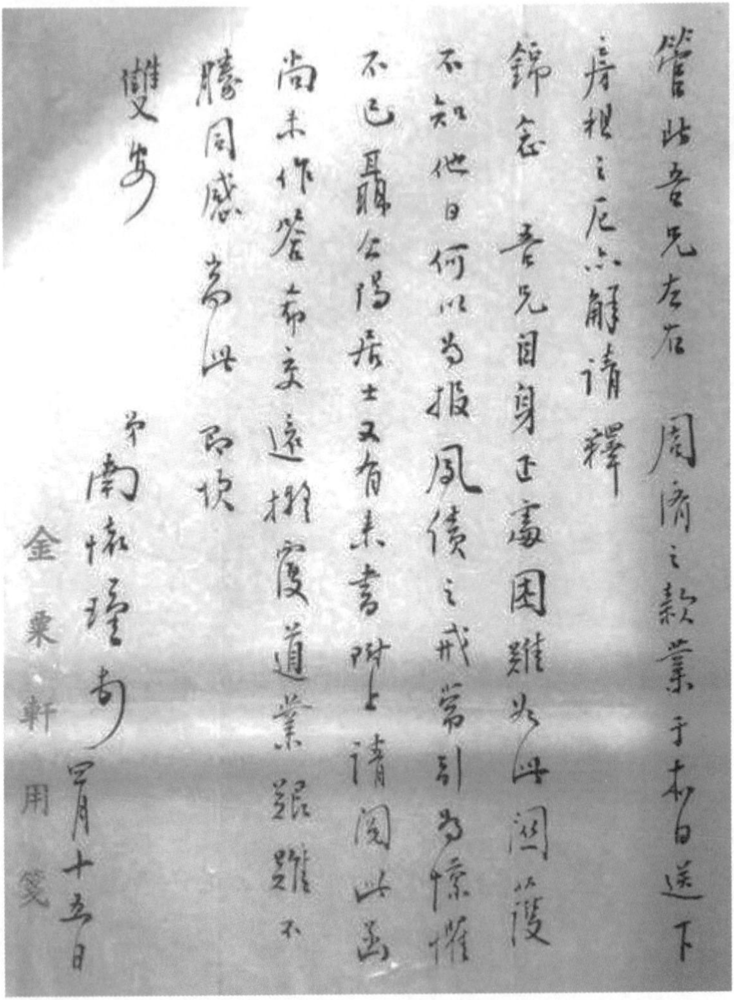

管北吾兄左右

周濟之款業于本日送下

青根之厄亦解請釋

錦念 吾兄自身正處困難以[illegible][illegible]復

不知他日何以為報風儀之戒常引為懍惕

不已聶公陽居士又有來書附上請閱此函

尚未作答希交遠樵復道業跟蹤不

勝同感專此 即頌

儷安

弟 南懷瑾啟 四月十五日

金粟軒用箋

管北吾兄左右　周濟之款業于本日送下　房租之厄亦解　請釋
錦念　吾兄自身正處困難　如此關護不知他日何以為報　夙債之戒常引為
懍懼不已　聶公陽居士又有來書附上請閱　此函尚未作答　希交還擬覆
道業艱難不勝同感　耑此　即頌
雙安

弟　南懷瑾　頓首　四月十五日

這封信的出現，是二〇一六年六月廿九日，在上海泓盛公司拍賣會上。這封信的拍賣底價為人民幣一萬五千元，後以四萬二千元落槌成交。

南師這封寫給楊管北先生的信，只有日期，沒有年份。究竟是哪一年寫的呢？信紙是金粟軒用箋。

回溯以往，自一九七〇年起，南師多使用東西精華協會信箋，一九七七年後，則使用老古出版社信箋，故而估計此函是在一九七〇年之前。

又回溯，楊先生是從一九五六年起結識南師的，後即開始學習禪定，進入佛學的研究。那個時期的南師，仍居住在基隆，一九五八年才由基隆遷往台北，租屋居住。故而估計，此函是南師初至台北那段時間所寫。

十年磨劍

結識南師後，楊管老除了隨之研究傳統各家文化外，也聚集一些友好，定期請南師講解禪宗佛學，以及道家的修養、工夫。且自一九六〇年起，又多次參加南師主持的禪七訓練。楊管老在禪七的小參報告及南師的解答，皆刊載於《習禪錄影》一書中，現摘錄部分如下：

時間：民國四十九年（一九六〇年）元月二十九日至二月四日農曆
歲次庚子正月初二至初八
地點：台灣省陽明山新北投居士林

（第四天）
十一點五十五分，楊管老忽然大哭出聲，合掌站著，定住三小時不動。

少頃，南師轉身到楊管老居士身旁，曰：既無心，何必定。天中雲，自然行。

（第四天）

楊老：也說不出什麼，只覺很舒服，也無煩惱，只腿子稍痛。至於聞韓居士哭，向佛一拜，我不自主哭了。於是又想：他人哭，我又何必哭，於是反而哭不出，但心念不起而定住了。但要我說，我亦說不出道理。

南師：你現在說話時還保得住嗎？

楊老：似乎保得住。

南師：望你保住，願明日因緣湊合，能再來參加。

（第五天）

楊老：今日在工夫上說，上午老師講《楞嚴經》一段後，「離一切相，即一切法。」深感在家聽經典與在此禪堂聽經不同。在此聽經，同時且在做實驗，是以聽到離一切相兩句，心內澄然，故一定半小時，而不動搖，雖覺蒼蠅在臉上爬，仍是不理，至不可耐時，才拍它一下。今日聽師說了數段公案，我雖不敢說悟了，但覺深有體會。請問「夜半正明，天曉不露……」

南師：參！伸手打蠅，即一切法；蠅飛去後，即離一切相。

（第六天）

楊老：從前一人坐，現為集體打坐，覺得氣氛當然兩樣。坐時今天有兩次特別好。我向不作打油詩，今天坐至最清淨時，此詩突然而來。心境極安然，現可常常找到它，有把握了。而且今天用耳根特別好，我是我，它是它，分得很清楚。只是不著。從前不會用耳，今天突然會用。

南師：此乃觀世音入道之門，「此方真教體，清淨在音聞。」但特別注意，「動靜二相，了然不生。」如明了這個，此是多大之收穫。

楊老：參加法會為生平第一次，實際只有三天。一向聽師講經說法不如這三天收穫大，尤其聽各位小參之報告，多有啟發。最後盼各位尤應注意師說，效法普賢願王，行大慈悲救度眾生。再者，我望各位回家，應供一尊佛像，設一佛堂，自己修行。師說無佛，實是權說，應注意師亦說，佛菩薩的確是有，不可錯會了。

（第七天）總報告

時間：民國五十一年（一九六二年）二月六日至二月十二日農曆歲次壬寅正月初二至初八

地點：台灣省陽明山新北投居士林

（第五天）

楊老：今天隨時都可以找到它，清清爽爽，明明白白，就是信不過。自問這四天沒浪費，但不覺得有進步。

南師：工夫上不進步，是身體不好的關係。見地信心不夠，信不過，是慧力不夠。

（第七天）

楊老：本人這幾年道高魔長，我很慚愧。各位都很精進，我學到很多。老師這次抱病主七，我們應感謝，婆心太切了，希望大家學學袁了凡，努力修善。心法，求其在我，一切唯心造，有錢的出錢，有力的出力。慎獨工夫，就是不動惡念，要從起心動念處做工夫。

時間：民國五十二年（一九六三年）元月二十六日至二月一日農曆歲次癸卯正月初二至初八

地點：台灣省陽明山新北投居士林

（第一天）

楊老：我退步了，去年打七的境界，因出國而全部丟掉了。身體好轉，打坐時念頭反而多了，自覺不夠精進，大是退步。

（第五天）

楊老：這一支香，我一上座就好像昏沉，像是要睡覺的樣子，我又聽到老師說：昏沉就隨它去昏沉，散亂就隨它去散亂，不要去修正它。我就沒有去把清淨圓明的境界用心去把持住，知道自己好像是睡著了，但是清清明明，外面一切響動，聽得清清楚楚，心情非常舒服，就這樣坐了一支香，我不懂這是怎麼一回事，請老師開示。

南師：你跟我學佛五、六年，這一次總算是讓你摸到了邊。這兩天我總是拿話來引你，不要修正啊！不要修正啊！可是你總是翻不過來，知道嗎？這樣才是入定的前象。初禪二禪三禪四禪，跟著就會一步一步到達，一切神通妙用，也要從此定中發出來，要能夠隨時隨地，一切動作云（言說）為，行住坐臥，都不離這個，就可以有大成就。

（第七天）上午九點南師評論各人

南師：楊管老（當日）功用境界，已近破參，且程度較黃老先生深，只可惜在悟境的見地都尚嫌不足。魯居士亦出乎意料；從來說笑指他此生無望，來世再修。不料人怕發狠，狠必有感應，也有所得了，但可惜般若慧力不深，下山後應更加精進，修持要緊。蕭先生此次特別加緊，心已入道，但尚未破了自晝的界限，應更加努力。

時間：民國五十四年（一九六五年）二月四日至二月十日農曆歲次
　　乙巳年正月初三至初九

地點：台灣省北投奇岩精舍

楊老：何謂金丹？

南師：金丹的範圍有兩種：內丹、外丹。兩種丹又有三類：天元丹、地元丹、人元丹。現在所說的是對內丹範圍的人元丹而言。金丹即將精氣神提煉蒸餾化合而成。大致和密藏中的修氣、修脈、修明點、修拙火相同。金丹的基本是精化氣、氣化神。

楊老：那麼如何下手提煉呢？

南師：即如老子所說的嬰兒「未知牝牡之合而朘作」，睡後或靜中陽具舉起來了，但無絲毫慾念，此時即「一陽初生時」，人在這個時候，慾念一動，便屬後天，沒有用處。而且很可能就漏精了，這時應該立即起來打坐，用淨念工夫煉化了它，打通督脈。

但這一套理論和方法，在佛教中人，動輒就罵它是「外道」。印光法師罵這些人為魔民，學這一套的人都是魔子魔孫。印光法師還會錯嗎？印光在清末民初四大老中，德高望重，一言更勝九鼎之重。（印光和尚——淨土；虛雲和尚——禪宗；太虛法師、諦閑法師——教理。四位同稱清末民初佛教四大老。）他（印光）所大罵呵斥的，應該是屬於後代道家旁門的學理方面，他並未深入道家之中，嚴格講究煉精化氣等等修為的理論與方法，因此不知他們嚴守婬戒，堅持不漏丹的功果，是如何有補於顯密持戒的方便。所以也難免有賢者立言過於儱侗之失。但是，大家都相信他的話，這是外道。「眾口鑠金，積毀銷骨。」

後來學了密宗以後，咦！我發現這一套自認為是正道的密教理論，並不有更外於此者，只不過灌進了佛法的知見而已。當然，學顯教的大師們，也罵密宗為魔道。反正罵過來，罵過去，誰都未得道。其實，中國道家的東西，比起藏密這一套修報身方法的並不少，還各有所長哩！這些喇嘛都學神通，貢噶師父還以念咒來卜卦，我親眼看見他用的是干支的推演方法。

那是唐朝文成公主到西藏時，帶了五個道士、廿幾個儒生同去時傳去的。至少這兩個宗教有相同的道理，只是表達方式不同而已。這種理論我都自己先實驗過，才敢下結論。但根據很多實際得來的資料，我發現凡修行人，不論在家出家，都漏丹（遺精）。漏丹、意淫，都是犯了基本的戒。換言之，戒不戒先不說，無論學佛修道，身不漏的基本都做不到，道理說得天花亂墜，那有什麼用？人總不可以自欺，對嗎？如欲得定，必須嚴守戒、定、慧之學。不漏丹是最起碼的戒學，但工夫做好的時候，反而會漏丹，甚至受不了而想辦法使它發洩了才輕鬆，但如此一來，辛苦得來的工夫又要完全垮台。而且漏後，一身痛苦，真如下了地獄，可見佛說句句實話，因此還要從頭用功，慢慢修持回來。但等到陽氣發動後，淫慾之念又來了，如此周而復始，永遠凡夫而已。

楊老：有人從東邊走，你往西邊走，但兩人的目地都能達到。

南師：還不止這樣子，還有一個道理。你讓楊管老把兩次打七，身上氣機發動的情形，以及最近一次的變化告訴你，也讓大家聽聽，聽了以後我再作結論。他第一次如何，但是還沒有大動，他並沒有修氣脈，他是走心性之路。這是一種徵象，氣脈要通不通的初步徵象，必然會來的。宗喀巴大師說：「中脈不通，證得菩提，必無是處」這句話，絕對的準確，這是真話。但是修禪宗的人，絕不講氣脈，不講色身上事，真正見到那一下，氣脈也是必通的，道理在這個地方。假使說是真正見道，而身上氣機不起變化，必無是處，否則就不是真正見道。這是一而二，二而一的道理。所以這一句話的結論，就是必須要氣脈通才能見菩提，這對不對？絕對的對。這個意思懂了吧？

楊老：這個無慾而舉的，是無始以來的劣根性嗎？

南師：非也，絕對無慾而舉，不是無始以來的劣根性，是生理自然現象，是生命本能所發作用之一種。無始以來的劣根性是情慾的念頭。

楊老：那麼您剛才問我們為什麼有動呀？這是不是無始以來的動呢？

南師：剛才周老居士就跟我兩個談了半天，現在你們兩個人可以討論辨別一番呀！

周老：這個動呀，是無明，大概是無始以來的業，對不對呀？

楊老：業也是心造的。

南師：是的，業由心造。

楊老：它是空的。

南師：對的，業性體空的。如果說業是有的話，佛法就成了問題，因為成佛也是善業，（如果）命中註定會成佛，佛法變成宿命論了，可以說宿命論就包括了佛法了。

（楊老連說幾個對！對！對！）

南師：所以剛才周老居士說過的業，是由心造、念造的。身心這個活動積累久了，薰習久了，就變成業力。一股力量、習慣。可是你們把話扯開了，關於那個問題，你們還要去參。

楊老：與這個不同啊？

南師：不同！不同！

楊老：慾念動，業力也動。

南師：是啊！這個便是根本無明了。

楊老：對！業力動，慾念也動。

南師：為什麼它要動？那個要參！同這個不相干。現在是講這個，又回到這個問題了。比如摸摸頭呀！這個方法好得很，久而久之，可以祛病延年，還精補腦，好得很。尤其辦公做事疲勞極點的，隨時可用。久而久之，真正精充滿了，化了以後，在男人來講，兩個睪丸縮了上去，陽物縮進去了，可得「馬陰藏相」。

楊老：我今天沒有什麼，今天吃力得很，並非想睡，但是坐在這裡，很明白，妄念很少。下午觀想明點，我都知道，觀想有個明點，方法不同，一個用眼睛，一個用意識來觀，不管如何，隨時隨地可以保持。總覺得有個明點，自己要把「意」擺在這一點上去看。

南師：此如龍銜海珠，遊魚不顧。隨時隨地可以如此，雜念不起。記住這一句，空中有這一點妙有，始終定住，留「意」擺在這一點上，慢慢可以翻過妙有之關，起真作用。

楊老：我現在問一個笨問題，我們打坐、參究，見到「這個」以後應該怎麼辦？

南師：我們這一堂人，即使見到「這個」，也是所見者甚少，只是見到三際托空，本來面目的一個空的境界。如同圓明居士（雍正皇帝），在嘉陵音那裡，見到這個以後，到章嘉處印證。章嘉說：「你這個見到的對，並不是不對，但只是鑿破了一個小窗子的洞所看見的天。應該是把這個房子打破，登在高山頂上，所看的天才完整。」於是他回來重新在自己的官邸裡——那時他還是世子——閉起門來，自己打七。七七四十九天的「七」，結果突然間他只覺通身流汗，大悟了。於是趕緊再跑去看章嘉，章嘉看到他進門，還未等他開口，手這麼一招，就說對了，對了，這回對了。他也就這麼回去了。這就是所見者大與所見者小的不同。

你們這堂人所見者小，都是他力所出，所見都淺，見了這個以後應擴而充之，配合行履，變化氣質。不只在靜坐上用功，在定住以後，應在行事之間，待人接物之間，看能否忙忙碌碌之中保持這個。苟有不能，必立刻上座，放下，好好保任，待有充分把握時再起用，必須動靜一如。

楊老：心一境性是不是就是本來面目的如如不動呢？

南師：這是兩回事。心一境性，定生喜樂是禪定。九次第定與大乘願力配合，即十地菩薩境界；如只落在小乘境界，即羅漢果位。真到如如之地，其中也有心一境性的作用，如真見到真如，如如不動，則豈但心一境性，初禪、二禪、三禪、四禪，直到九次第定，皆在其中矣。自性本自具足。所以心一境性不能說即如如不動；但如如不動，則自然有心一境性的作用，不能混為一談。如如不動之真如自性，可概括九次第定及菩薩十地，乃至菩薩五十二位，乃至三藏十二部，六度萬行；而心一境性不能概括如如不動，其中歸納分析，必須要弄清楚，此乃般若智慧。般若真智，是靠大乘六度的前五度——布施、持戒、忍辱、精進、禪定來配合的。功德不能圓滿，般若真智萬難成就。

總之，修禪是學佛的一種法門，頓悟、漸修，也都是學佛法門的一種方便，福德資糧——前五度的行持不具足；智慧資糧——般若實相不具足，都不能成就。切記禪門古德兩句不易的名言：「實際理地，不著一塵。萬行門中，不捨一法。」由此把穩修持，必可歸家穩坐。

此會已經圓滿結束，諸位還我話頭來。我還是我原樣，依然凡夫俗子，不必再冒牌了。（一笑下座）

助道因緣

一本新書

一九五九年底，南師所註釋解說的《楞嚴經》完稿了，書名定為《楞嚴大義今釋》，又名「宇宙人生真理探原」。

新書要出版，但當時台灣的出版界，對於有關經典及佛學書籍的印行，尚在徐步萌長的階段，不像今日出版界的蓬勃興旺。不過，南師的著作，以弘揚並復興儒佛道文化為主，故決定以贈送為先。

為此，楊管老首先發心出資印行，但以文化傳播功德不可獨專之故，乃發起募印。時楊老為益祥輪船公司負責人，當即發動同儕以及各方助印，共有三百多人參加，捐資從五元到二千元不等，總計募集資金五萬一千三百餘元，其中除一千元外，餘者皆由楊管老募得，可謂洋洋大觀，共襄盛舉。

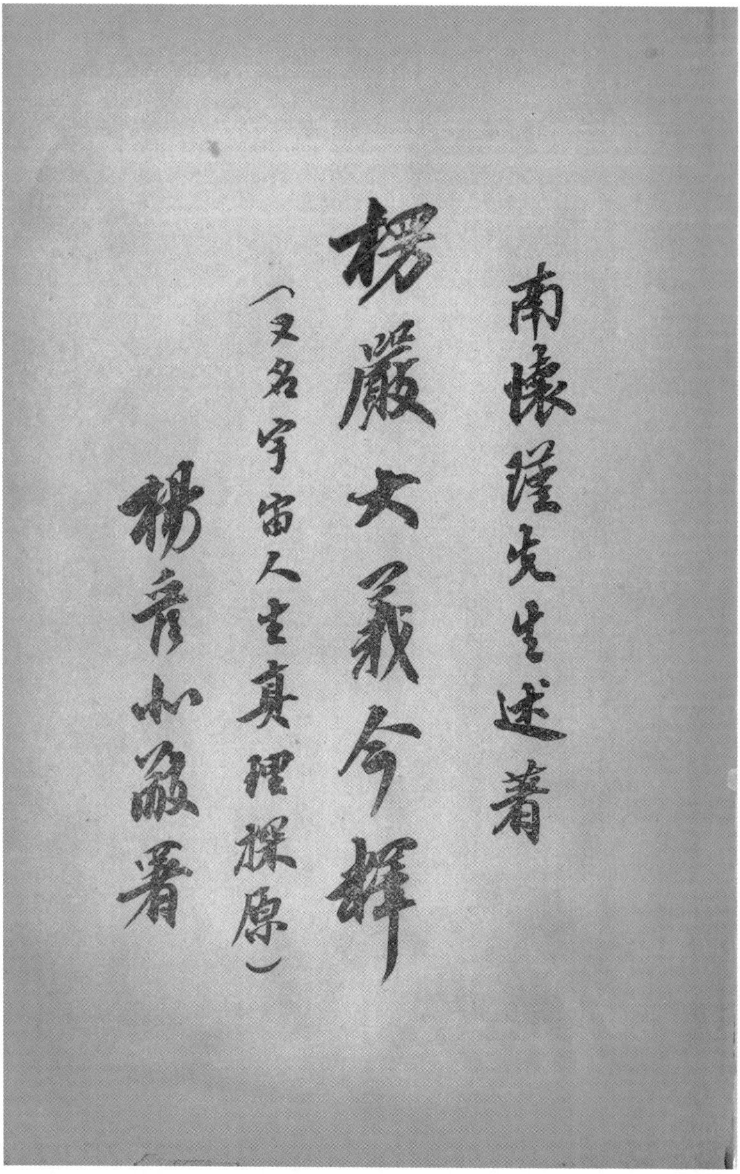
南懷瑾先生述著
楞嚴大義今釋
（又名宇宙人生真理探原）
楊管北敬署

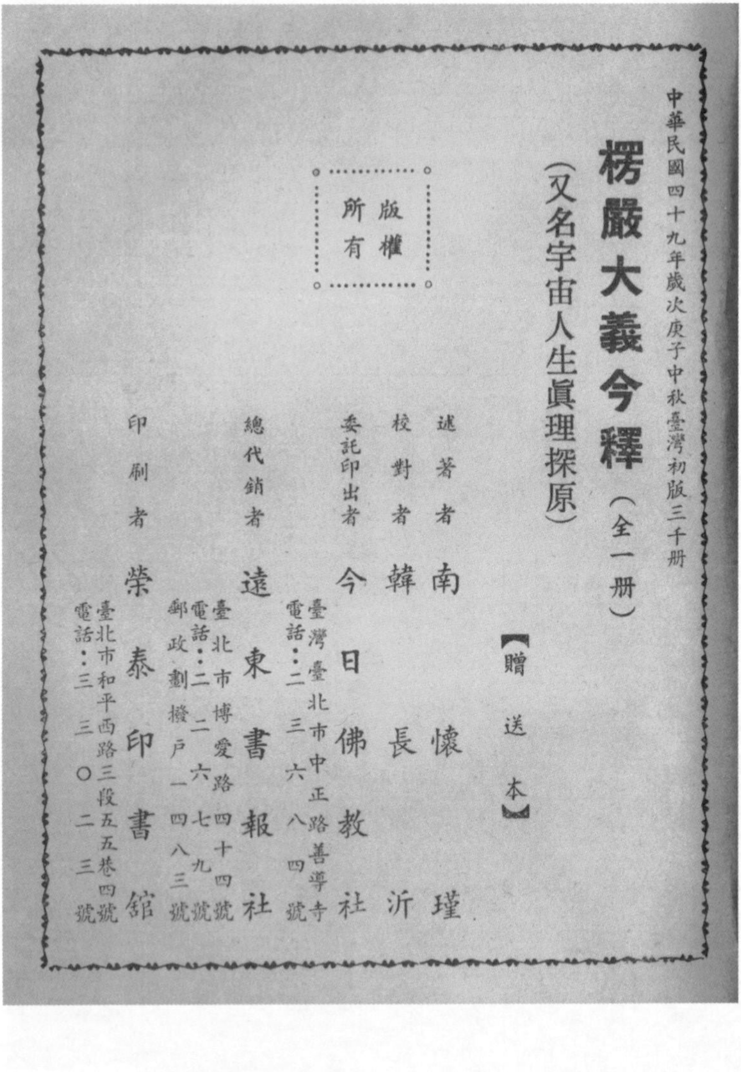
中華民國四十九年歲次庚子中秋臺灣初版三千冊

楞嚴大義今釋（全一冊）

（又名宇宙人生眞理探原）

【贈送本】

版權所有

述著者　南懷瑾

校對者　韓長沂

委託印出者　今日佛教社
臺灣臺北市中正路善導寺
電話：二三六八四號

總代銷者　遠東書報社
臺北市博愛路四十四號
電話：二二六七九號
郵政劃撥戶一四八三號

印刷者　榮泰印書館
臺北市和平西路三段五五巷四號
電話：三三〇二三號

此書於一九六〇年印行三千本，其中二千本為贈送本，另一千本為流通本，定價低廉，僅收成本。

除此之外，楊管老並為封面書名題字，在那個年代，這本書的出版，也算是一樁文化方面的美事了。

搬遷的故事

一九六九年的十月，南師訪問日本回來後，在台北市青田街的巷子裡，租了一幢院屋，作為文化活動的辦公場所，並在那裡先開辦了一個為期三個月的禪學班。當時班中同學有：孫毓芹（助教）、王鳳嶠、鍾德華、周勳男、杭紀東、王紹璠、李淑君、林中治、劉爽文、史濟洋、王徵士、韓長沂、林曦、朱時宜、徐進夫、羅梅如（美國人）、陸健齡、盧惠玲（王紹璠太太）、吳爽熹，記得還有個周關春，當然也有我這個旁聽生。

可是，租房尚未到一年，房東就希望老師提早搬家，因為他這所平房要改建大樓。

於是大家天天分頭去找房子。豈知忙了好幾天也沒有找到合適的地方，只有信義路巷子內的蓮雲禪苑，新近落成，其中的四樓尚未規劃用途，所以可以出租，租金每月三千元。此事我在《禪門內外》曾提到過，但事情最後能成功，楊管老卻扮演了一個關鍵角色，是他鼎力協助，才圓滿告成的。

那天我到南師辦公室，報告老師，提到禪苑的住持妙然尼師，堅持要一個大和尚向她說情，才可以租房子給南老師。

當然這也難怪，因為那時的台灣一般習俗，仍是男性優先於女性，尤其是佛教界，比丘是排在比丘尼之先的。

說到這裡不免令人生疑，釋迦牟尼不是提倡眾生平等嗎？為什麼比丘與比丘尼待遇不同呢？

這個問題不談，先說租房子的事吧。當時我向老師報告了妙然尼師的說辭，大家聽了都陷入沉默。因為那時的南師，與台灣的佛教界，並無太多淵源，聯繫交往很少，如何能請到大和尚去為一個白衣的南師說項呢。

至於當時我們這一班學生，又多為在校的學子，一切更不得其門而入，當然更無法敦請什麼大和尚幫忙了。

正當大家無計可施之際，有一個客人來了，原來是楊管老前來探望南師的，他看見眾人愁容相向，一問之下，當即很爽快的說：

「我叫悟一去說吧。」

大家一聽都興奮起來，因為悟一法師是台灣第一大廟善導寺的住持。當年初來台灣時，善導寺仍有駐軍，是楊管老幫忙才遷走的。所以楊管老要他去說情，一定是沒有問題的，因此大家才高興起來。

悟一大和尚對妙然尼師說，南先生雖然是居士身，但觀音菩薩還有三十二相呢！妙然尼師立刻說：「既然大師如此說，我不收租金，就借給南先生使用吧。」

話雖如此說，楊管老仍然每月致送香油錢三千元，歷時三年之久，直到南師搬離。

北投的別墅

台北附近的北投，在日據時代就是一個旅遊區，那裡風景優美，也有溫泉，故而是許多公私營公司的俱樂部所在地，更有不少私人的別墅。有一個奇岩精舍，就是楊管北先生的私人別墅。

楊管老自從結識了南師，步入佛法的研習後，就認識了一些志同道合的道友，其中有一個七十多歲的黃老先生，學佛有些心得，計劃閉關自修，於是楊管老即安排他在奇岩精舍閉關，達三年之久。

一九六五年二月四日（農曆乙巳年正月初三），南師主持的禪七，就是在奇岩精舍舉行的。一方面也是因為黃老正在那裡閉關之故。

那次參加禪七的人，不及二十位，因為地方較小。參加的人眾，有學密宗的，有學道家的，有學禪宗的，且不少人是有多年修持經驗的。如葉曼（劉世綸）、夏荊山、孫毓芹、朱文光、杭紀東、韓長沂、陸健齡、沈教官、黃老居士、楊管老、蕭政之、周老居士、朱際鎰、巫文芳、王紹璠、王教授……。

細數之下，有一半以上現在已經仙去了。那次的禪七記錄，也曾發表於《習禪錄影》一書中。而此次的一切費用，也是楊管老負擔供養大眾的。

楊老與周老

楊管老是一九五六年結識南懷瑾先生的，後即致力於靜坐及佛法的研習。當時另有一位周宣德居士，北京清華大學出身，他來到台灣後，曾遍參各地佛教團體，發現極需發揚正知正見，破除迷信，故於一九五八年開始，設立各項佛學論文獎學金，每年兩期舉辦。

楊老對此大力支持，共襄盛舉。二老並共同參加南師主持的禪七活動。周老後於一九六〇年代初期，輔導台灣大學的學生，成立「晨曦社團」，以佛學為旨趣，其他有些大學，也紛紛跟進。周老後又創立「慧炬雜誌社」，以及出版社等，刊印佛學書籍，流通海外，以推動佛教現代化、生活化，並舉辦佛學講座，凡此種種，楊老皆熱心支持，也多次應邀發表講演。

其實，楊老對文化、佛法的支持不只在台灣，早年大約六十年代初期，香港大嶼山有閉關專修的出家人，也是楊老所護持，並曾請南師前往探視。當時的情況，南師在講課時也曾有所提起。

道情　友情　醫情

一九七七年的年初，南懷瑾先生在台北信義路的寓所二樓閉關，預計兩年。此次閉關應屬方便關，主要是謝絕外緣。在閉關時期，除了自我的研習修證外，仍需處理一些必要的事務。

當開始閉關時，楊管北先生尚在香港未歸。三月初有一天，忽然聽到楊老因病已住進榮民總醫院，南師因念及楊老病情，放心不下，即於三月十二日，親寫一封信給楊老。並在南師關中日記中，自三月六日起，詳細記述一切經過。重要的是二人的互動，涉及病痛、佛法修持、醫療及病人照顧，身心兩方問題，意義深遠。

現將南師關中日記與楊老有關部分摘錄如下。其中的小標題為編者所加。

病發入院治療

正月十七日（1977.3.6）晴、春寒如昨

晚來古國治電話告知，據陳行夫來電話說：楊管北因心臟病再發，已住進榮民醫院云云。一時甚為憂念，去臘決定入關之前，管老尚在香港未歸，中心感應，總覺其若有特殊事故發生，頗為之不安。但素不從通靈心力上去追尋究竟，免落預知之黏縛，今乍聞此訊，頗與悲涼之感，此亦情緣之宿累矣。即電話通知李淑君明日上午離家來此之前，先赴榮總以觀究竟。

正月十八日（1977.3.7）晴、天氣回溫

中午淑君來告，管老尚在榮總急救室救治中，因正在氧氣間，隔離探望，故未能建議為試其他藥治療。據中醫言，肺部有積水，正在設法抽取中。其實用藥塞肚臍或貼海底，可通肺氣，當能散去肺中積水。再

貼還陽穴，必可提早復元，然此理，難為一般人言也，但到今日為止，病情已穩定，受數日災厄，當可再延世壽一時矣。淑君又言，楊太太亦同時住院檢查身體，照顧有人，可免一重牽掛。

正月廿三日（1977.3.12）陰、暖

傍晚馳思動念管北道友之病情，即援筆寫信一封，擬囑人送去。

（原信附錄如下）

「管老道友：二十年出入生死四次，雖於生死已無可畏，但當於生死之際悟真妄之旨矣。此次復原，正好對俗情外務一齊罷手，譬如這回已謝人間，一切所謂不能了者，又當如何。

關中隨時注意道友，君子贈人以言，盼三思之。又以病情而言，如決心掩室杜門，偶吸少量雪茄未嘗無利，唯菸氣切勿下咽為妙。

稍遲當圖把晤，祈自勉之，關中一切甚佳，謝謝關注。此致即祝痊安。」

正月廿七日（1977.3.16）晴、暖

政公（蕭政之先生）見告管老道友此次發病經過，及前日偶又變劇一次之情形，頗為繫念。但人在醫院氧氣隔離間中，既無法探視，亦無能為助。唯此次管老發病，住院至今，經過先後，政公皆一一參與其眷屬，極盡照顧之能，友道如斯，良可感矣。談及管老前日心臟跳速劇變情形，據管老親與其公子楊麟言，實因在參究一則公案所致，殊慨有失動念即乖之旨。政公主張寫數言以增其啟發信力，即信手寫「但須空諸所有，切莫實諸所無」等語，并將前數日致管老之函，託其帶去。繼與政公談至六時半方散。

政公并告知管老在新正未發病前，尚關心我閉關費用，如需增加，當照辦。至感至感。當即請其轉告，目前生活簡淡如富貴枯僧，並無需求矣。

二月初九日（1977.3.28）陰晴未定、暖

上午淑君從家中來，報告說：仍過榮總探視管老，據說昨日瀉肚三十多次，醫生認為與其如此，只有用洗腸一法治療，今日略住。據淑君看來，說他面有紅光，恐大傷元氣。聞之頗為未安。淑君大加感嘆，不能貼「太乙續命散」（此為南師研配藥粉）為憾，我亦默然無話可說。目前醫治法只有如此。

大凡醫藥，亦皆有因緣，記得昔日兒時在家鄉，有若干大戶人家，主人知書達理，亦稍具醫藥常理。往往在家人有病時，對醫生處方，皆背後偷偷加減分兩，或認為某藥不可用，偷偷地去了一兩味，或換一兩味，結果藥不對症，醫不見效，又另換醫生，又自作主張。病人受罪，醫生被騙，莫此為甚。至於達官貴人，乃至帝王宮廷，醫藥皆受左右親隨左右，實為常事。

照淑君每日所見所說管老病情，如是我親人，我可以作主者，即外用貼我藥粉，內服三、四味藥，不日即可起床行動矣！否則此時請張禮

文診治，亦必有效。然而我亦無可奈何！只有自他不二之性地上，加庇迴向，稍盡我力而已。明日如何，仍甚懸念。

……

二月初十日（1977.3.29）晴、暖

上午淑君來言，楊管老自經一日瀉三十多次之後，昨日又轉入病院隔離間作氧氣治療，殊為難受之至。下午囑淑君又到榮總探視一次，與楊太太見面，據云張禮文前幾日已去看過，當時即說：在此十日中甚危險，過此十日，四十天後出院云云。淑君問其理何在？我說：一則因張先生曾研究太素脈，我曾聞有此一說。二則陰曆本月十七日過清明，張先生去時，望聞問切之後，約時而言，過了清明一節，即有轉機，一點也不錯。病人怕過節氣，尤其老年病患對節氣時運更可畏。

因有管老臥病事繫念，道義友情，兩皆深厚，故至傍晚終未安然釋懷。

二月十四日（1977.4.2）寒暖無常、陰晴不定

……

淑君云：曾與榮總楊管北病房侍疾人聯絡，今日胃口開了，較好。

忽憶二十年來我所親知親見者，管老施棺、施地，予人埋骨。施醫有很多次，皆為外人所不知者。胡玉書老師兩度病住院，黃浩南老道友病住院，香港兩個老宿修行和尚，一身是病，亦皆管老強送醫院癒。這所說的每一次，皆花費甚多。其他我經手布施者尚多，從來不問我其人其事，不過我也隨做隨忘了。此次輪到他自己病了，固然說是老病，且將近八十，生死亦常情，但可看看因果之說，究竟如何？我一生主張現世報較好，對自己事，往往使之成現世報，免拖未了債，太麻煩。至於管老性格，從來無求福報之存心，此我們深知者，但亦不妨靜觀因果。此皆不論明心見性的解脫事，只看果報之實。

二月十五日（1977.4.3）星期四 天氣如昨

今天上午淑君去榮總探視管老，據說昨天夜裡兩點叫太太，要東西吃。楊太太初被護士叫醒，驚嚇得不得了，後來忙了一、兩個小時。唉！我的老友啊！你何時可改了為吃好飲食的習氣啊！其實，我過去和他一樣好吃，不過我能自立，不依仗人。什麼是自立？不是自己去弄吃的，得隨緣處且隨緣。有好的吃，就作富貴的享受，沒好的，學叫化子，一樣可吃得津津有味。管老真好吃，一生口福不淺，但他的得病，也正為吃出來的，苦了二十多年。但是豪傑脾氣不改，有命在，有了一口氣，還是要好的吃。與其如此，也很可愛。我輩中人，個性脾氣都是如此，慈明禪師好罵人，泉大道好疏狂，道濟好滑稽，難怪人家看我們都是一丘之貉，都不是好東西，一笑！大笑！

二月十七日（1977.4.5）晴、清明節

淑君說：今天上午在榮總，碰到楊麟，對管老病情之治療經過，方

有更深切之瞭解。謂前段日中，心臟、肺部還有積水現象，此其一。必須要食物營養復原，此其二。好了以後，據楊麟所知，恐怕要一年才得復原等等。如此看來，對醫院此次救療之方法與程序，確甚準確。而且在救治過程中，對科學儀器之藉重，不能不說是醫學史上藉科學文明之功勞。研究中醫者，對此不能不注意。

二月廿二日（1977.4.10）晴、春寒濕重

午後，淑君報告，管老今天又移進氧氣間，隔離治療。昨天移入之病房，有冷氣對著吹，受涼發燒，因當時楊太太有事回家，乏人照料之故。何其苦難之頻也。一嘆！唯在定中迴向，並無良策。明知不可著壽者相，但知其尚有許多世緣未了，免得他生來世，積累更繁易增迷惑。總之，也未免有情，此所以說太上忘情之不易也。

三月初六日（1977.4.23）陰、溫濕如昨

……

只聞管老病情有進步。……楊太太與淑君言，據榮總醫院統計，如管老之原由心臟栓塞症，再發住院，能痊癒出院者極為少數。此語誠然。此次管老如幸而出院，一半歸功於醫藥科學之發達，如氧氣等治療法；一半仍由自己能安神於寂默，藉自性功能之定力所致。唯惜其見地不透徹，平時於功用未絕對輸誠，故猶遲遲多受一段時日之痛苦折磨。然能於此時悟徹，則真是因禍得福，唯恐其猶滯在阿賴耶藩籬以內，始終猶被天人合一等儒佛合參之理所誤，則又為枉病一場矣。

生與死的搏鬥

三月初十日（1977.4.27）陰晴不定

……

今日淑君從醫院來云，管老大有起色，甚喜。據我所觀察，管老此次病情變化經過，確是已由鬼門關上打兩、三次轉身，唯恐他的家人反而當局者迷耳。且在用功見地上，此公亦始終欠一番智力。其實，在去年冬天，每星期五授課見面時，察其神氣，大已衰散，故隨時囑以注意生活起居，但未深聽而了解我的語意。又在去冬特囑其修心息專一之持氣功夫，亦未深聽而警覺我言，只說早已知道，隨時如此。此即犯疏狂之過，不肯虛心請問法要，自拒其緣，故我亦無法強人。以我數十年利生之甘苦經驗，往往到此邊緣，無可奈何而罷手。此即古德所謂說道理也說得，會也會得，只是還不在其中之故，便是如此。亦即孔子所謂畫也。即為自己畫地為限之故。亦為修般若之福德不力之故，故學者須多究思《金剛經》之義方可。

及其今春發病時，我已入關多日，據說，他在榮總檢查身體時心臟病再度重發，呼吸停止，入於昏迷狀態。醫院方面，即施用種種醫藥等急救法，例如電擊、上氧氣等。此時管老當已完全入於昏迷境界，唯阿賴耶識未離身體，靠平常二十年所學的一點般若道心，在種子性中，空靈境中，具有無形的一點求生意念，恍恍惚惚，若亡若存而已。

迨藥物施治見功，亦為他自己此一點空靈境中，在幾次打七中認得稍微真切，能夠使自己坦然而定，此時細微的一念之中，一任生死自然，自覺生亦如此，死亦如此，只自認得此境，便無所謂。故能起死回生，漸漸好轉。當然外藥醫學輔助，亦絕不可以輕視，但如本人無此智力、定力，醫藥外緣亦多無能為力矣。

等他漸漸好轉略有起色時，此一空靈性境，也認得更清楚，確信佛法不虛，也相信我所說佛法，確為真實而不騙人，故有與李淑君一段病榻深談，楊太太在旁亦聽不懂。（此處如何談，我不知，由淑君補記）

禪與儒的分界點

但此時此一信念之動，理隨情生，念力也與氣力同時略見恢復時，即此空靈境上便起動了幻境，如思想、如光影、如音聲等等也隨之而來。以管老平常為人及其所學所知，雖知其為幻化，不為所動，但在此時色身氣力未復時，平常實相般若之見地又未臻圓滿，漸於不知不覺間，最嚴重的所知障忽起，智隨理迷，始終欲求此一性境之轉化，如何能了生脫死，要生便生，要解脫便解脫，始終又做不到。換言之，對此身心心物二者之間之理不透，頗起疑情而不知不覺間又用心參究起來。再加平常最為他自誤之處，即用自己所知所得之儒家理學的天人之理，摻雜進去而起思維。他始終不知此等儒理，皆是形而上道之糟粕。我平生再三提起警策，他又始終忽略我的一言一行而馬虎過去，殊為可惜。因此時他一參究用心，即影響將好未好的體能，故舊病又重發一次，又須進氣氣間受隔離治療矣。

此時因舊病再重發，他的色力更衰，性境雖空靈，但只渾渾沌沌（非陽境的渾沌，實為陰境的渾沌）。因此，又靠過去認得之熟路，放下一切，仍認此境而定，慢慢又見恢復。隔幾天，又可以離開氧氣間，轉住普通病房。但據醫生（西醫）與家人相同觀點，須多進些飲食，補充營養，以恢復體能。此一好飲食習慣，乃管老與菊仙居士伉儷，一生最重習氣，但因中氣未復，故消化力不強，於是不能轉化，於不知不覺帶進食物所發生的細菌作用，便又大痾大洩而再度心臟擴張，脈搏停止，又復重進氧氣間。在此之前，如是我親人，我可完全作主時，早日在任督脈上等重要穴道，貼敷我的「太乙續命散」，再服保元之特藥，至多一週早已復元矣。

但此時我只有告訴淑君，在關中乾著急，隨時為之祈求大悲觀世音幫幫我的忙，再來一次證明佛法有靈。其他我就無能為力矣。但據我所知，此次再進氧氣間時，管老委頓難受，大有即此謝世休去之潛在一念。不過，亦因此一念之故，他便更在迷迷糊糊之中，死死認定那個空靈性境，準備走路。可是，也正因如此一點見地真定得住，與他力加被相合，故又慢慢恢復體能而重生矣。淑君卻說，好在他們並不贊成貼此藥粉，如此時貼了，病情反覆，反怪到貼藥粉貼壞，罪可大了。我聽了也只有默然苦笑，無話可說。此皆為他宿世業力所感，故有此厄。

但此中有一關鍵，即為管老平常雖參修二十年，對佛法禪心之真見地，始終未盡心，亦未輸誠真信，其過我亦當負責，因我德不足以使人起信也。如他若真肯輸誠，參志般若，在此一點最基本最初的識陰見地上翻過身來，則此次所謂病，所謂生死問題，一切又當別論了。其次，即其見地氣魄，始終不夠透脫快利，尤其近年喜為世智儒理所困，翻將此曹溪一滴乳，拌成了一半以上的水質，故有此困厄，殊為可惜。人生因緣真不易解脫，道業因緣也真難，此時又適當我收拾了法施的心情，只求自了之際。今後一切，唯望大家多多自力參究，各人勿負父母生身之不多得也。「此身不向今生度，更向何生度此身」。

順筆寫來，以此付之政之道友及寄遠代表伉儷，作一參考，如此情形，關鍵在哪裡，須參。至於我說管老病中心境，對與不對，或者疑問如何知之，皆不相干。此所謂：「莫把是非來辨我，浮生穿鑿不相關。」我只是在關中亂猜他的病中經過心境，本來就是亂湊瞎說的。不過，可以當作幻想所構造經過的小說看，或者對各人自修參究之理，也有幫助。他這一病，苦雖苦了，但也是為心地法門，進了研究室一堂實驗奮鬥的功課，只是他還不能提出論文，通過學位考試耳。

親赴病房探視

三月十五日（1977.5.2）晴、暖

入夜眠遲，晨興近午，淑君從滎總回來，據告管老病情，反復堪慮情形，並極力主張我破關去探視一次。是時明真因本日正為陰曆十五，特來清理佛堂，亦從旁附和。我告以昨今兩日來，皆為此事牽擾定境，但我去時必須令其服藥及外貼太乙續命散，吉凶一切皆須信任，我當負責。唯恐旁人阻擾，則徒負破關之行，實非計之善者，容稍靜念，再作決定。

正午十二時，佛堂清理就緒，特為燃香虔敬，默頌加持畢，即電話通知淑君準備兩點前動身，且攜帶太乙散，并囑明真為調紫河車藥粉，以備隨時之需。

到了一點五十分，由淑君陪同，呼車直達榮總中正大樓十一樓病室，時方兩點二十五分，適袁行廉居士在座。楊太太初見我來，驚喜異常，並告因緣巧合，出於預料，管老已定三點半出隔離間返回病室。楊太太說：他如見到你來，不知有多高興。旋即訴說六十天來之病情，及其本人受苦受屈，憂慮驚懼之煩惱，當即稍加慰藉，實亦無法為其分擔痛苦，頗為惻然。同時觀察病室冷氣裝備位置，門窗方向與病床情形，立即主張封閉病室冷氣，免致併發傷風感冒。

此時一直坐等到三點半，方見由隔離間送回，楊太太第一句話，即告以南老師來了。我馬上去接著說：你一切靜下心，不要說話，幫同醫護人員，搶扶至病床，並為其換衣服，即運三昧氣於兩手，一附其夾脊，一附其臍輪，默默運氣，以助其體能。此時并囑淑君調太乙散外敷，我又親自餵他內服紫河車藥粉，一切進行極順利。

唯藥物貼上不到十分鐘，管老即說要大便，接著又說要小便，當囑護士一一為之準備。事實上，據我經驗，皆是下元氣發動初象，似有下走趨勢，并非真大小便也，但不能不做準備。唯兩手不敢稍一停止扶陽之功。大約再過半小時，問他是否要大小便，他說：又不要了。此時我心大慰，已知藥力發生作用，更無失閃之虞矣。他每欲說話，我即囑其休息不須說。他只是說經兩個月之體驗，一切平常。又對我說有一好消息，他的一切外務，楊麟皆已接手，他雖死亦無憾矣。如此經過一點多鐘，我覺稍有勞累之感，即收回雙手，並欲辭回。楊太太囑曾司機送我，管老即說：不要走。我知其意，告訴曾司機先送李淑君、袁行廉二人返台北，我再稍留，又復繼續為之按穴，約十多分鐘，即上打一呃，下放臭屁。知藥力效果已達內腑，彌增暗喜。此時已到下午四點五十分，我因十小時未進飲食，略感需要食物，乃告知管老，我退回一邊，吸一支煙稍息，暫時不會離開，囑他安心休息。等我坐到旁邊椅上，剛好點燃了菸，他已鼾聲睡熟。我即拿了帽子、皮包，悄悄和楊太太說，我先溜了，明天再看情形。

再探病房

三月十六日（1977.5.3）晴、暖

……

今日上午淑君來報告管老情況，頗有進境，管老自對淑君言，似覺稍有氣力。唯上午為管老換貼藥粉及幫助醫護人員照料時，看到他因臥床太久，尾閭部分皮膚，有潰爛狀況，以及其他一切細節，殊感醫護照顧病人之難。且說一般人及醫生，皆把他當作腦子尚在昏迷狀況，糊塗不清來看，似太不妥，建議我今日再出關去一趟。我說：你看的幾點都對，醫生及一般人皆不懂管老此時心境，又不懂他說的話，大部分皆以二十年來所學的學理來說，他們哪裡懂。因不懂，意謂他胡言亂語。其實，他心境清楚得很。至於腦神經有一點小部分尚有阻礙是事實，因此自主神經對肢體的運動作用，便和他心理配合不上，此正是在生死關頭掙扎，證明身心二事一元的道理。不過，常人豈能知之。我本意今天下午也要去一趟，仔細觀察其服藥及貼藥後情況。不過，我去了一趟，尚未真正認清車輛進門的路道，你（李淑君）辦好樓上各事，兩點鐘時，再陪我走一趟，並帶藥粉相隨。我也再帶去一部分紫河車粉以作補充。

下午到達病房，兩點三十五分，管老正在熟睡，據特別護士及小妹說，昨夜他未睡，現在正在熟睡。楊太太中午家中有事，故遲回。另有探病外客三人在座。我稍作休息，聽了小妹他們說昨夜經過，情形良好，甚慰。即進到病床旁邊觀察其氣色，大有好轉。此時，他身子輕微翻轉，兩手亦開始活動，似要醒轉。我即趁機為之把脈，較昨日更強有力矣。因我手在把脈，他即有感覺，想要睜開雙眼，我就說：我來了，你可以再休息一會。他聽到我的聲音，馬上睜開雙眼看我，且作翻身狀。我即為他拿開另一個身邊的枕頭。此時，外間兩位客人聞聲進入，他們都從香港來的，一一向他打招呼。他非常清楚地點頭道謝，笑著介紹另一人說：「他姓杜，與老杜的杜同姓，是老牌小開。」頭腦非常清楚嘛！我為他一一翻譯給大家聽。客人很懂事，不多嚕嗦，馬上告退。

死而復生

他就和我一字一字的說：「真奇怪，我給你一個證明，凶得很，就是那一刻一分一秒。我不信！我的豪氣哪裡去了，就這樣……真是科學的，插頭一樣，這麼一插，就插上了。」我馬上接著說：「我懂，你不要講，我都知道，多休息，好了我們慢慢再談。」然後我又握住他兩手，翻譯給淑君他們聽：他說此次病發時，來勢凶得很，馬上就要死了。他想，學了半生，難道就此走了嗎？他要證明一下唯心的道理，自己想，我平生的豪氣哪裡去了，此時提起一念，我要回來看看，這個時候，就像電器插頭一樣，這樣一插對了，又回來了。所以今天還能和我談話，就是這個意思。管老自己聽了作微笑狀，一聲不響。其實，他當時確已死過去一點多鐘了，靠他心力，也靠醫學的科學設備，用電擊拉回來。

接著，我叫淑君做藥粉，又為他左胸口被電擊部分補貼一張，兩足湧泉穴各貼一張。因他在熟睡時，兩手輕微抓此處，正表示此處尚有隱痛。他一切聽我安排，貼了藥，我又叫他們沖調紫河車粉餵了他。護士說：他什麼都不肯吃。我說：你們沖好，我告訴他，他會吃的。他們沖好了藥，我嘗過了，溫度合適，告訴他，藥味當然不好，但你須照我辦法吃下去。結果，他很平靜的皺皺眉頭，分三次吃下去。打了一個呃。我用左手炙他肚臍。他又對我說：楊麟不懂醫理。我說：醫理談何容易？他們當然沒有醫藥常識。護士們聽了只笑，大概仍然認為他在胡說。此時我心裡很難過，要照顧病人，尤其如管老此時道業程度及平素修養，必須要一個人真能懂他話，了解他心意才好。無奈此時，包括楊麟他們和（對）他的程度心境，簡直相隔太遠。人生到此，縱使子孝孫賢，又濟什麼事。此時只須有一懂他的人方好。因此，我對護士小姐說：楊委員平常是研究哲學思想的人，所以他在病中此時講話，你們不易懂。這真叫做有苦難言了。

另有一個道理，無論何人，到臨危或病重近於昏迷時，講話口音，一定用的是童年時代的家鄉音。我在川南時，身纏瘧疾，一度晝夜連續高燒，但仍在帶領部下爬山越嶺。此時，口裡喃喃自語，皆是家鄉土音，而且覺得耳邊聽別人說，也都是家鄉土音土語，只有自己懂，身旁的副官勤務兵皆是四川人，一句不懂。但我在那個時候還年輕，亦未學道，只是有一股堅強的毅力維持自己，縱在高燒夢囈中，自己還另有一個清明意志，知道自己在作夢囈。因毫無醫藥，只靠自己極力強自鎮定。此時，已經懂了過去讀書一段公案，記載明末朱舜水先生流亡在日本講學，臨終時談的家鄉話，沒有一個人聽懂，便是此理。後來學佛，又加自修自證，方知此皆為阿賴耶種子與現行業力的表顯，業力種子因緣，非常可畏。實乃修證中人及研究心理行為學、哲學、醫學上一大問題，只可惜目前科學分析太細，不能融通其理其事耳。

慈母抱嬰兒

接著，管老又陸陸續續如夢中囈語一樣，說：他們學識水準都很高。我知道他此話是指請來的特別護士，都是國防醫學院畢業的。又說：「這個時候，只靠科學，這個醫院……我告訴他，沒有錢，就去借，我要住下去。」——我懂他此時的語意，是要繼續前面對楊麟說話的意思。因觀察其已有倦意，叫他休息，不要多說。我便脫了外衣，親自上床，抓住他兩手，把他頭靠在我右胸口右腋下，相等於母親抱住孩子一樣，叫他好好休息。經此一來，他便沉沉想睡。唯在入睡之前，又強自偏過頭來，靠在我胸口對我說：「真奇怪，我要大便，也跟著我，我要小便，也跟著我，真『擦濫胡』（上海話）。」然後開始呼呼入睡。淑君在旁邊，聽到這裡，莫名其妙，問我這是說什麼？我說：這個你不懂，在此境界中，不免也有些幻境，此中他說的是如幻境中現象而言，不去管他。於是，命淑君先僱車回去。我便抱住他安安穩穩的睡一會兒。其實，我這個斜側的姿勢很累人。但此時不敢側動一下。護士們看了如此情形，安安心心的到隔壁休息去了。

實際上，說來一般人不相信，但須坦白誠言，為學佛道人做參考。我此時心境，已經完全忘了此身，確已進入到慈母境界，只覺得懷中所抱的，是一個病苦的可愛嬰兒，極須付與高度的慈愛與安穩。正當此時，我也真正體驗當觀世音化身為女身的慈悲心境，只是自己平常沒有像此時有實況時，全盤覺察得清楚而已，因此想到平生常常有此心境。同時也反省檢查到自己平生對男女老幼，經常在不知不覺中有此種心境，有時隨時以手撫他人，抱扶他人，並未有絲毫男女相之存在。可是因此遭人誤會，招來苦果也不少。而且我說無分別男女時之愛撫他人心境，是有時，是較多時，並非完全。在少年、壯年此等階段，雖有時有此無記性動作，但因限於世俗觀念，立即警覺而止。到中年以後，比較不肯過份防範，可以說又比較放任。至於此時年過花甲，又在晝夜行道中，一切皆順其自然而流露慈心。當然，有時也要流露忿怒心等，亦皆如此自然，我並非聖人，只是向此路上學習之人而已。此時思惟心在定境中，管老睡得亦如同嬰孩之恬適，低首一看，不覺啞然自笑。如我此時此景，面對一個女性，即不肯如此做，亦不能如此做。如懷中管老，此時換成另一位女性道友，或為楊太太，我皆做不到如此，故自啞然失笑也。

我今述說此種心境，是為學道人提出一個課題，如對人慈心悲心未起，所謂發菩提心，正有所欠缺也。同時，慈悲心見之於行為動作間，往往受到世俗心之妨礙，不能不起警覺。例如我此時對管老情形，即另有一男性道友看見，也許又會使他人生起厚此薄彼之計較心，則又使人落入業識矣。其實，在我一生經歷中，曾經對幾位臨終老友如此親近吩囑，結果自己被臨終時的死氣傳染，每每大病一場，受害極大。唯此心覺得如此方為平安，當時便不畏色身一病而已。如管老此病，並非傳染性的細菌病，故昨今兩日，皆如此親為抱持治療，亦無所謂。唯不知許多真正盡心的特別護士之經驗為如何耳！此事尚須待機會做一實地調查研究，亦即是修行人的行上要事也。最後，我又聯想到母親，此時不能親侍孝養，頗為惻然。

到三點半鐘，我輕輕離開管老，不敢稍有絲毫動作音聲的警動。拿了衣服，到隔壁房間告訴護士，離開病房，適楊太太從家裡來，交替了吃藥的話，便出院呼車回到關中。

晚來，咐囑淑君明晨離家時過醫院，如何為管老換藥，並叫他告訴楊太太準時餵他吃我的藥粉。我將不親自去矣。據預測如一切情形無特別變化，過了後天立夏之後，應當好轉。淑君說：老師對管老這一段經過，我都親自經歷，親自看見，只覺得人生只有一個緣字可以解釋。我說：「但願化身千萬億，普為眾生作依怙。」此即為發菩提心之基本也。如我對管老，當然是緣，此中因緣至為複雜，倘以世俗心來說，也許別人亦解做彼此利害相關了，此所謂世俗心之可厭可畏也。

三探病房

三月十七日（1977.5.4）晴、暖

今日上下午，淑君去榮總醫院兩趟，據說，楊太太說：管老昨夜睡眠不好，脾氣大，可能因白天睡多了。但病情有好轉。同時又將護理人員如特別護士等情形見告。且建議我再去一趟，第一、使管老增強對自己的信心。第二、亦可使楊太太心情安靜，好受一點。經再三考慮，決定晚來親去，因今夜子時立夏，恐在節氣關頭有變化。

九點到達病房，管老在半睡半醒狀態。當即為換貼藥粉，并囑小妹為之調紫河車，由護士餵服。我靜坐一旁，隨時照料，直到天亮，皆很安靜。只在子時後一點半醒一次，凌晨四點醒一次。第一次醒來，看我在他身邊，即大急說：夜裡怎樣要你來，有他們照料就好了。我叫他不要多管事，只須休息，並為他用手炙穴，即又睡去。第二次醒時，精神更好，且能輕微自動轉身，并伸雙手作運動。一切經過情形只有起色。

在五點半時，叫醒楊太太交替一下，並留條給淑君上午來時，換貼藥粉及使其服藥。六點出院，呼車回來。

水破供杯

三月十八日（1977.5.5）晴、暖

晚餐吃麵後入睡。十點半接淑君在榮總打來電話說：管老病情又變化，下午五點開始一直咳嗽到現在才停止，體溫發燒到三十九度多，心跳一百二十次。據院方醫生判斷，可能因肺有積水所引起，仍須轉到氧氣間作隔離治療。我認為是護理上有欠小心，可能因受輕微風寒所致。後來又通電話三次，院方用X光照肺部，證明肺部無積水，只右肺部有點發炎，暫時不擬再移進氧氣間，此時情況已較穩定云云。同時楊麟亦在旁，知他明天因要事須出國十天。我在淑君電話語意中，瞭解當時在現場人事，所以淑君未照我所說再為管老貼藥。甚矣，護理病人之難。

放下電話，即施食，再為管老迴向。施畢開水管洗供杯，不料水管衝出水力，忽然衝破手中供杯，分裂成五片，頗為此兆而異，乃即刻到佛前再事加持，於定境光明中，使轉危為安，化災為祥。然後空此一念，放下隨緣還歸於寂。淑君於十一時回家，到後再來電話報告平安。

三月廿二日（1977.5.9）陰暖、傍晚雷陣雨

……

管老病情，漸有起色，連日皆由淑君照舊每日去醫院一趟，歸來報告情形。今日管老又與淑君說到病中體驗見地事，我唯聽其重述。最後，淑君對於管老所言見地之結論，亦似認為未然，我亦唯苦笑而已。

此事說來有無限慚愧，亦有無限感慨。二十年來如管老、傅代表夫婦、蕭政之等人，皆屬中年以後方接近此事，對於世間學識、思想皆已具現行種子之定見，故對學佛學道事，無論為講解經典，參修見地與功用，在不知不覺間，統用先入為主之我見來作注釋。且皆為世務上有所

成就人物，不若少年學子，其可塑性已幾乎定型難變。
因此每於要緊關頭，只好用暗示啟迪教法，絕對不能用棒喝。
……
今晚九點多施食時，仍為管老迴向。施畢洗供杯，又被水管衝破分裂為三片，一如前數日情形，是水力物理作用？是不可思議力之暗示？皆未在意。唯電話通知淑君明再買一供杯，且告其應作物理作用觀。

三月廿三日（1977.5.10）陰、暖

上午淑君自榮總來說，管老昨夜九點開始，又轉咳嗽到凌晨三點，正是我施食為他迴向後，供杯又被水力衝破之時，豈不怪哉！豈不巧合哉！形而上道及鬼神之說，千古以來，仍為不可思議之事，宋明理學家強作解人，謂「鬼神者，二氣之良能也」，其然乎？豈其然乎？
淑君又說：今晨又稍平定，但榮總醫師亦難下診斷定論，唯囑隔離探視病人之客人，以免帶進細菌。

管老二小姐提議應請營養專家配食，此點已近合理，亦正是我感嘆護理人員原因之一。

其實，此兩次咳嗽，為何發生有肺炎症狀，皆因胃氣未復之故。服西藥、打消炎針後，胃氣更寒，既不能在食物上作營養調整，又無藥足以培補真元，使之復充活力。

我前番特為服紫河車等，已親見其體力漸充，但因一患咳嗽，護理者及家人，口雖不言，對此有失信心，停止繼續服用。我亦無可如何，只好罷手。

此次再患咳嗽，當然證明與我所主張之治法皆不相干，但因信心不夠，皆令我束手無策，只好坐等消息，但為之祈佛力加庇而已。

其實，目前管老情形，心臟病之治療部分，西醫方法藥物，皆較中醫高明百倍。但因連日氣候變化，必須經常防止其轉肺炎，應該經常注射少量鏈黴素（現在肺病特效針藥），便不致有此現象。唯西醫治法，必待病來方治，此亦無法爭論者。

總之：我所預想到的，應預防的，每每先與淑君說過，事後證明，果然一一皆驗。且於前晚已囑淑君電話通知護理人員，氣候將變，須防其著涼，今又果然。病家無人能虔信，又不懂護理之事，於事先做預防，又其奈我何。一嘆！

……故只有束手緘口，旁觀而已。由此更可見世間事因緣妙密之理，思之悵然！

濕氣病房

四月初一日（1977.5.18）陰雨、輕寒

……

上午淑君來說管老病情惡化、發燒、咳嗽、冷汗、不思飲食，頗為可慮。且經幾次轉變，已漸證明我所謂受氣候影響，並非其他原因。現值梅雨季節來臨，室內必須要加用吸濕器，方能調節空氣，定可好轉。

淑君即用電話與駐院人員報告我的意見。結果他們無此知識。淑君主張將吸濕器送去，我認為病家多疑，不可造次。只有電話通知蕭政公與其家人聯絡。

午後，政公來電話謂：據楊太太說，已問過醫生，醫院方面原有空氣調節設備，醫生說病房內再不須用吸濕器。聽後只有啞然苦笑，付之一嘆。我三次去看他，又親自照料他一夜，早已發現病房空氣有寒濕問題，而院方及護理人員亦不真正懂科學，並沒有隨時測量病室氣溫與濕度，反而處處盲目迷信科學，殊不可解。由此亦見此間西醫之不科學也。此理即古代中醫所謂寒溫暑濕之內外交互影響，無奈言者諄諄，而聽者藐藐。只有隨時坐待消息，為老友興嘆。此時只有完全靠他自己本命元神，抗拒外界氣候中之物理變化，漸漸適應大自然之環境，方可度過這一個月的梅雨季節。現代中國人口口聲聲叫科學，真可笑之至，誰是真正懂科學者，常易使人生起疑情。修道人個個輕視科學，學科學者、學醫藥者不能綜合科學之應用，實在無可理喻。

今日室內濕度大增，身體頭腦頗感壓力，特將明真所存之吸濕器插上，立見功效。因此更念病室中之管老，多受一重苦難，可嘆！可嘆！

四月初二日（1977.5.19）陰雨、悶濕

……

聞管老已好轉，一切均由自力自動好轉。由此亦可見其本命元神尚極堅定。

忽然要找兒子

四月十一日（1977.5.28）陰、潮濕

……

淑君與楊太太通電話，管老已出隔離間，移住普通病房。楊太太說，醫生本欲他多住幾天，怕出了隔離間，又生變化。但管老必要出來，今

天告訴楊太太，把他的身份證、護照、出境證拿來，他要辦出境，到菲律賓去找楊麟。因此楊太太只好與醫生商量轉出隔離間云云。淑君問我：是否人老了，都會萌童心？唯付之一笑。

……

四月廿一日（1977.6.7）陰雨

淑君仍每日不斷與在病中楊管老聯絡，或親去或用電話，唯不敢接近，為避免被帶進細菌之嫌疑。據說榮總醫生可能要他出隔離間，因病情已穩定，唯待療養。我想，管老近日能專注一念念佛，則可喚起生機，當無問題。唯一遺憾，他於理性上始終未能透徹，於空有生死來去之際，仍繫滯如常人也。

病人心理變化

五月十一日（1977.6.27）陰、陣雨

……

管老病情惡化，甚為不祥。淑君隨時與其家人保持聯絡。昨今不快念慮，皆與此有關，忘情豈能盡哉！

五月十二日（1977.6.28）陰、雷陣雨

……

管老病情極為惡化，下午淑君與其守護醫院中之家人聯絡，云稍有起色。據淑君言，昨晤楊太太，唯坐而流淚，並說，前兩三年中，管老欲入山專修，因楊太太反對而罷。及今想來，不如依他心願去山中專修，無論結果如何，也可了了他的心願，反無歉疚之感。聽了，頗為黯然，人皆無先見之明，始終以後悔作彌補，殊堪浩嘆。此事確為實情，當時

管老亦再三對我言及，我唯一笑而已。因明知其不易擺脫俗情，且有關隔離骨肉至親之事，能否下得了決心，皆在當人自己，旁人豈可閒進一言矣。

五月十三日（1977.6.29）陰、雷陣雨

……據淑君告，管老今日有轉機。如能過此一關，入夏應當漸能步入佳境也。

五月十五日（1977.7.1）陰、悶熱

一切如昨。聞管老病情，稍好而穩定。醫生及家人皆認為是奇蹟，我則認誤於醫藥及護理，能再活過來，則為自命大，頗為他如此長期受罪而感嘆。近日中，淑君每日聯絡消息兩三次，或親去，或用電話，亦至為辛苦。

女兒來了

五月十六日（1977.7.2）陰、悶熱

……

自中午後，淑君來信言管老病情頗不易見好，並遇楊清，略談片刻，但無暇暢言，唯語意之間，為其父如此受罪，甚為悲感，若不能好轉，與其受此苦厄，不如祈其早得解脫云云，并囑淑君轉告我代其父祈禱云云。聞之殊為惻然，為之長嘆！

五月十七日（1977.7.3）星期日晴、熱

……

淑君今晨仍過榮總，方知管老病情近日加遽，因服中藥高麗參、黃耆等，使其血糖增加之故。今經用鹽水清洗腸胃，又恢復平靜。但須考慮頸部開刀，俾能通氣管飲食云云。前數日據西醫宣布，僅能再維持

七十多小時。中醫有云只有兩日夜。但至今已過七日，仍能漸轉佳境，中西醫皆謂奇蹟。

楊清極欲與我一談父病，我囑淑君向其細說經過。晚上淑君特去榮總與楊清面談，夜十點淑君來電話報告，楊清見識思路皆甚清晰，談後頗多會心云云。但願楊麟、楊清兄妹孝心與其父心交感，俾能好轉，則為大幸。世人多以壽者相為福，望吾佛慈悲，加恩賜福。不然，使其早得解脫，少受活罪。然解脫頓超，豈人所易得哉！

……

五月二十日（1977.7.6）晴、熱

兩日來，管老病情，時好時壞不定，好在有楊清在身邊照料，她能大致了解其父心意，似可稍慰。淑君仍每日與其取得聯絡，消息不斷，但終成掛念。

五月廿二日（1977.7.8）晴、熱

……管老病情，稍有好消息，謂足部稍能起動云云。此皆由淑君每日聯絡所知，詳情不盡悉也。

五月廿三日（1977.7.9）晴、熱

……淑君來言，管老大有起色，得力楊清在身邊，隨時注意護理，隨時與醫生討論研究改用藥劑。每逢新藥，此地還沒有的，即電話香港、美國去找，故有此進步。楊清聰明智力遠勝家人，而且近數年中努力讀書，又接觸宗教哲學及一般學識。到此時即顯出其聰明智力及讀書得力之處。管老有女如斯，亦足以慰矣。

六月十五日（1977.7.30）颱風雨前象

……

聞淑君言，管老病情，始終在時好時壞狀態。每念以一個平日氣質似生龍活虎，又喜歡講話的人，現在卻受病磨在喉管開刀，插一通氧氣及灌食物的管子，因此將雙手綁住，怕他難受而自拔此管子。如此情形，無論苦受、樂受，均使其不能說一句話。其為業報當償乎？其為醫藥不高明乎？頗為愴然。倘管老是我家人，真欲主張不繼續用此治法，甚之，不惜任其在此時撒手離去人間。但我既非其家人，尤為其家人心中素非真實信喜之人，只有從旁著急，中心徒喚奈何也。

痛苦解脫

六月十八日（1977.8.2）陰、悶熱

昨夜心甚感不適，但懶於檢點，凌晨三點即悶悶而睡。直到今日午正，淑君來時即警醒，據告：管北道友於昨夜九點後已逝世，頃由杭紀東電話通知云云。方知昨夜身心突然鬱悶之故，乃為好友云亡，心電相感也。

中午淑君赴楊家慰問楊太太。自此以後感慨良多，悶悶不快直到深夜。回憶廿年來與管老種種因緣，為己為他，許多事湧上心頭，真有欲哭無淚之慨。人世畢竟是有情世間，我豈能免。無淚比有淚更傷感。偶爾檢察對管老此情，似較猶深於任何人，或可謂此乃道義至交之真情也。但管老見地如能達徹頭徹尾不疑之地，則我當不為之興悲。我今如此動情，正為其見地未圓之故也。淑君一直說，管老拖到此時，死得冤枉，此意唯我瞭解，但畢竟是業報如此，故呵其不應作此說。

……

政之與淑君通電話，囑轉告代撰輓聯，他與管老亦是道義至情，其事其心境，唯我深知，故有此託。其實，我自欲為管老作一輓聯，亦正一字寫不出。但有政公之託，不能不動念，即匆匆作了兩聯，代政之撰者：「儒佛豪俠兼而有之，道義見風儀，是大丈夫人一個。是非毀譽何足論哉，相知披肝膽，無多益友淚雙垂。」自用者唯指近事：「二十年道義相從，病榻論心一宿覺。五乘教沉淪待振，人天去住再來身。」夜來施食，為管老迴向。五個多月閉關因緣，到此亦可劃一階段，未來歲月，另當別論矣。

身後事

六月二十一日（1977.8.5）陰雲、悶熱

……

為蕭政公再三說弔楊管北輓聯要改之處，只好強隨他意，為稍易數字。但既經改易原意，便將原來二聯，皆另換過。

（代蕭作）

儒佛豪俠兼而有之，道義見風儀，是謂丈夫真本色。

忠貞亮節固足傳也，存亡感涕淚，無多益友篤鉗錘

（自作）

病榻一夕話，論性命微言，十智同真末後句。

人間百年事，願治平匡濟，三生無礙再來身。

文字雖小道，能達真情且有藝文境界，頗不易，終非所長也。

六月廿七日（1977.8.11）晴、熱

管老昨晚移靈至殯儀館，今晨大殮，淑君仍到場，至近午方來，據說昨晚移靈時，親見管老遺體雖經冰凍七日，全身尚甚柔軟，唯目尚不瞑，似有憾焉。昨晚施食後，又在亥子之交入定，特為迴向。

今晨淑君返時，告知一切情況，云目已瞑矣。唯眾說紛紜，各主一見。有云其目不瞑，乃對葬處墓地有憾。有云，當醫院宣告無救時，不到一小時，即為之洗刷遺體，甚為不合佛法命終要領，故有憾焉。亦有云：可能會再回生，如此次病初發時，但已將其遺體送進太平間冰凍，

故有憾焉。總之大家都以自己主觀成見，而且以活人的知見來揣測，殊為可嘆！且亦可嗤。

……

此事正為一重要話題，世上任何人，無論如何英雄豪傑，當老病侵尋時，身後無知時，一切由人隨便擺布，古今中外人物，統統如此，對此現觀而再不能放下空相者，誰又能如之何！

七月十六日（1977.8.30）晴、漸入秋涼

今日結緣為最不痛快之一日。

上午管老出殯暫厝於新店安坑，由長壽、淑君代表送殯。攜回管老行略及《慧炬》等報章報導其事。但錢賓泗之悼辭，卻引用孔子贊顏回之句，頗為不當，蓋錢、楊友也，非師生也。文字雖小道，畢竟亦不易，如程滄波之輓聯，於聯對述意技巧，亦甚不妥。但無論如何，一個人的一生，便從此過去了，久久又被此世所忘矣。

追思楊管北先生

李淑君

人生的際遇，人和人之間的情感，往往是非常微妙的。

和管老相識，不過短短的六、七年。論年齡，他是我的祖父輩；論見識，我們相差更為懸殊。但是曾幾何時，在平淡的交往中，卻蘊育了一股深厚的道情。

雖然五個月來，他徘徊在生死邊緣；雖然我親見他所受的種種病榻之苦；雖然每念及此，心裡就陣陣作痛。但是我多麼盼望他仍在人間，哪怕是仍然必須和死亡做著艱苦的掙扎。

雖說「崇高必至墮落，積聚必致銷散，緣會終須別離，有命咸歸於死。」這是釋迦的名言，也是萬物的公法。但是誠如他的大小姐楊清所說，管老這次因病，對心性之學有了很大的心得，但同時也遇到了更進一步的困擾，他極欲更深入探討，以了此一椿大事，因此表現出無比的堅強意志，忍受著令人不忍想像的痛苦，以一副沒有生機的軀體，和死神搏鬥了一百五十個漫長的日夜，結果終因颱風的停電影響而被迫豎起了降旗。站在同道的立場，固然為他的脫離苦海而馨香祝禱，但卻更為他的心願未了而悲痛哀悼！

逐客記——聞名不如見面

七年前的春天，我剛剛進入協會服務。

還記得那是一個風和日麗的清晨，協會只有我一人留守，辦公室的大廳裡來了位不速之客。他面壁而立，打量著牆上的字畫。我從會計室走出，對著這位陌生人的側影，發出了內心的讚歎。鶴髮童顏的他是什麼人呢？如果說他是學者嘛，他的氣度遠比學者雍容，那麼他是企業家嗎？他的儀態又遠比企業家高雅！當然，應該也不是政治家，因為他的氣質比政治家清華。

我走上前去，他依然面壁而立。「請問您有什麼事嗎？」他那張臉對著牆壁說：「沒什麼事。」於是我只好改問：「請問您找什麼人？」他依然故我地說：「不找什麼人。」一個陌生人既不敲門，也不打招呼，又大模大樣地不回答問題，實在令人不敢領教。他既然不說，我就固執著仍用老問題問他，「請問您有什麼事？」而他呢？還是不看人，還是看著牆壁，還是那句回答「沒什麼事，來看看。」好！既然沒事，又不找人，東西精華協會不是讓人隨便看的，我決定要下逐客令了。於是我請教他貴姓，以便把他打發走了，好向老師報備。

這次總算有了回答，他說：「姓楊。」我一聽，乖乖，這一定是老前輩的學長楊管北。名字不再問了，趕緊打電話向老師報告，楊先生此時卻客氣地說：「不要打電話，我沒事。」原來他口裡的沒事是客套話，真險，差點就要把他攆走了。

電話通了，我暗叫糟糕，當時應該再進一步請教他的大名，「萬一」他不是楊管北，找老師又沒什麼要事，而我自作聰明的硬把他當有事辦，那豈不滑稽，但事到臨頭，老師已接起電話，好面子的我只好硬著頭皮說：「楊先生來了。」老師一聽就知道是他，也沒問是哪位楊先生，隨口說：「馬上來，請他等一等。」

放下電話，我心裡開始打鼓，好不容易捱過了漫長的十分鐘，老師到了。還好，他們認識。

又過些時候，王紹璠學長也到了，我迫不及待地把他拉到一邊，問問那可是楊管北，經過王學長的證實，我才放下了這顆七上八下的心。總算運氣，沒鬧笑話。

初到會裡時，我就風聞管老的慷慨好義，豪情軼趣，以及二十年來聽老師講經的虔誠好學。如今一見之下，真沒想到竟然還是一位學問修養天然流露的美男子。真是聞名不如見面。

回憶錄的遺憾

當時老師由於籌備協會，事務繁忙，不得不將楊府的講經暫停了一兩年。這段時間裡管老依舊勤於治學，不論佛家的內養之道，或者儒家的外用之學，都是他努力的範圍，每隔一段時間，必定前來向老師請教心得，求老師印證他的見地。

到了民國六十二年，會務和雜誌大都已進入軌道，於是又開始了楊府每週一次的講經。由於老師交代我錄音和筆記的工作，因此非常幸運的，我多了這次聽課的機遇。這一課堂裡，以管老年事最長，而且是主人地位，但同時也以他發問最勤，用功最力。經常以自己身體力行的過程和心得提出討論，並不時坦誠地對同座道友提出鞭策。他那精誠向道的精神，直到如今還是我心目中的楷模。

每週在楊府聽課的雖然不到十位，但卻不乏知名人士，唯一的例外，就是我這個小人物。因此在楊府除了聆聽老師精彩的講演之外，又增廣了許多難得一聞的見識。

尤其生性開放的管老，經常介紹他在國內外一些生動而少為人知的私事或天下事。在高談闊論之餘，他不時特別叮嚀我，對這些難得的見聞，要多聽、多學。每逢有了名菜佳餚，則又預先囑咐我向媽媽請假，留下來一飽口福。長者的提攜、關愛之情，令人難以忘懷。而此情無法回報的悵惘，則更令人難以釋然。

管老由於少年即已顯赫，而且在他的青年時代，也早已蜚聲於工商界，因此他的閱歷交遊，往往涉及許多民國以來的高階層現代史。我經常聽得心花怒放，有時又聽得目瞪口呆。

老師早就說過「小說的故事多半是真的，人名是假的；歷史的人名當然是真的，但有許多故事卻是假的或者寫錯了的。」真是一點不錯。為了給歷史留下一部難得的真實文獻，我忍不住對管老提出寫回憶錄的建議。

管老對我這個小人物的請求非常謙虛，他認為自己只是個平凡的人，沒有寫回憶錄的必要。同時提及曾經也有人請他口述，但為他婉拒。況且有許多的人和事，目前無法下定論，也不能下定論。

但是我卻不死心。經我再三勸請，總算點頭說「好」，我高興得還沒來得及歡呼，他緊接著說：「我來講，你來寫，版權歸《人文世界》。」這時我真是有苦說不出了，沒想到麻煩找到自己頭上。或許這也可以說是個小小的現世報應吧！我心裡連連叫苦，卻也默默佩服管老反應的靈敏，以及處事的俐落。一個人的成功畢竟不是偶然的。

當時由於本身學力、時間的限制，以至於把這件有意義的工作擱置一邊。如今隨著管老的逝世，成了無法彌補的遺憾，實在令人有說不出的感慨和訴不盡的唏噓。

不幸的預感

去年年底，不知道為了什麼原因，或是由於特殊的機緣，老師突然臨時決定閉關。從決定之初到入關之時，恰好管老人在國外。因此大年初二老師交出關裡的指示，囑我去向獨自在家中打七的管老拜年，同時陳述閉關的因由，以及會務的安頓等等。結果不巧，那時管老正在睡覺，於是我改在初九前去見他。臨別時他說，過幾天要抽空叩關而入，和老師晤談。誰知道這個小小的願望，竟然就成了一支未能完成的幻想曲。曲音繚繞，發人哀思。

見過楊先生，向老師回報時，老師第一句話就問：「他身體如何？」我當時有些不解地說：「大概上午事忙，需要休息的緣故，顯得有些疲倦的樣子。」

似乎早在閉關前，老師就有預感。不幸預感成為事實，管老終於在三月五日發病住院。經過幾小時的各種急救，院方無奈地宣布無救。然而誰也沒有想到，管老竟然奇蹟般地復活了。

殷殷地苦盼了半個月，管老終於離開了隔離間。念及他的交遊廣闊，為免打擾他的靜養，我壓制住前往探視的意念，每天利用電話向看護者探詢消息。

病榻談心——機鋒轉語

三天後（三月廿四日），接到傅代表的電話，建議我前往榮總探望管老，好將病況報告老師。語氣中極為焦慮。蕭政之先生也有同樣的意思。我聽後大感不安，立即叩關報告。於是老師囑我攜帶特製而極具效驗的藥粉，去為管老敷貼，同時親筆寫了一信，增強楊先生夫婦對該藥的信心。無奈好事多磨，當時無法為管老敷貼，難道這也是天意？

當我進入五號病房，一看管老，熱淚幾乎奪眶而出。這一剎那，我突然發覺，平淡的交往中，竟然蘊育了一股深厚的道情。

好一幅「英雄最怕病來磨」的悲景。奄奄一息，骨瘦如柴的管老，見了我之後，極感安慰地微笑點頭。原本落寞無助的他，透露出滿心的欣慰之情，因為「終於」有人可以代他和老師聯絡了。

於是他斷斷續續，非常吃力地對我說：「告訴南老師放心，沒關係。這件事情太不簡單（指修證心法而言），真是太不簡單。我有很多話要同他談。很多人說他狂妄，其實不然。我跟他一樣，我們形雖狂妄而不敢狂妄。自從學佛之後，這二十幾年來，我如臨深淵，如履薄冰。我到底做了些什麼？God Knows（只有天知道）。『道』到底是個什麼？我一直想找出個結果。所可安慰的，我們有這個團體，這個團體不是騙人的。至於這幾年復興航業董事長的職務，實在是不得已，硬被套上的。告訴南老師我有很多話要對他說。『生』是如此，『死』也是如此。Play, Everybody Plows.（中文意思大致是說：不論生死，都如夢幻遊戲，但一般人卻苦苦耕耘。）」

回來之後，把楊先生的病況再度叩關報告老師，老師神情為之黯然。隨即將楊先生的話轉告後，老師才略鬆一口氣，微微點頭說：「不錯，他有把握。」雖然如此，對於管老的病況依舊是牽腸掛肚，正巧我家住石牌，因此交代我每天上班前先往探視。

第二天一早見了管老，我告訴他老師的嘉勉。他一聽，隨口就說：「別吹牛了，這廿天來，I Can't control myself（我的心念無法轉變我的肉體）。」其實老師說的「把握」是指他對生死的「見地」而言，而他誤解為「功用」，但是為了避免他多用腦力，所以我沒有多作解釋。

他接著說：「要『誠』，誠誠懇懇，踏踏實實，不要好大喜功，我只有這一點學問，如果問我做到了嗎？我是做到了。如果問我做到什麼程度？我總盡力而為，做多少算多少。我心心念念為人，然而——」

說到這裡，他閉起眼睛停了下來，似乎對世事、人心有著無限的感慨。於是我在旁接著說：「您求仁得仁。」管老聽後頗為安慰地點頭說道：「求仁得仁。求仁必定得仁。自從學佛以來，逐漸的，我如臨深淵，如履薄冰，我不敢有一絲一毫的邪妄之念。我表面看來雖然狂妄，而實在不敢狂妄。你把這些話轉告蕭先生。」

據說管老每一說話，心跳就急速增加，因此我不敢多停留，向他告辭時，我禮貌地說：「您安心靜養。」管老一聽，馬上來了一句禪宗式的機鋒轉語：「我心安得很。」病危到這種程度，頭腦的靈敏度仍然是超過常人，廿年來心性修養的功夫於此可見一斑。

隨即護士小姐來為管老翻身、量體溫、打針。管老又現身說法地對我說：「百分之百的安靜，不是人為的。」

到了三月廿八日，一進病房，楊太太就焦急地說，管老前一天連瀉了卅多次，醫生束手無策，只好予以灌腸，讓肚子裡的東西一次瀉光，總算因此止瀉了。我聽了大吃一驚，心裡暗叫糟糕，幾乎不敢相信地趕緊再問一遍，結果還是同樣的答覆。天啊！上天為何如此作弄人！念及管老那經不起任何摧殘的微弱身軀，我只有悲切地無語問蒼天了。

第二天踏著沉重的步伐走進病房，非常不幸的，管老又進了隔離間。除了無限的惆悵外，我暗自為老師捏把冷汗，如果管老貼了老師提供的藥粉，當藥效尚未充分發揮時，由於其他不知的某些因素致使腹瀉，而再度進入隔離間，那該如何是好！

經過了十天左右的苦苦盼望，管老終於在四月八日，又離開了隔離間。誰知噩運連連，由於聯絡的疏忽，管老轉進特別病房時，恰好楊太太外出，沒有就近照料，致使管老被冷風吹了兩個鐘頭。結果第二天心臟病再度發作，又被送進隔離間。啊！何其苦難之多也！

情深款款

「都說出家堪悟道，誰知成佛更多情。」這次，管老在隔離間停留了漫長的廿多天。其中病情經過幾次的反復。看到老師那牽腸掛肚的焦慮，我實在忍不住了，終於在三月二十五日，斗膽懇求老師例外破關前往探視。因為管老在對我的兩次談話中，深深地流露出對老師強烈的思念和渴慕。算算日子，廿年來，以學佛為樂的管老，還從來沒有和老師分開過這麼久的時間。尤其現在的管老，身心雙方正受著狂風巨浪的衝擊，他是多麼渴望，又有多麼需要，在這個時刻能握住老師的手。哪怕他就此閉目，相信他也將含笑而去。

老師考慮很久，終於答應了。下午兩點多，踏著輕鬆的步伐，陪同老師進入十一樓的特別病房。

機緣實在湊巧，院方臨時決定讓管老下午三點轉出隔離間。於是老師坐在五號病房等候著闊別已久的管老。

坐下後老師先向楊太太問好。同時鼓勵楊太太拿出堅強的意志，保持自己的健康以便護理管老。接著就對楊太太說：「今天我帶了內服的藥和外敷的藥，楊先生用了保管有好處，一切後果我負責。」這一說，真令我大吃一驚。當時管老幾乎只剩了一線微弱的生機，任何一點氣溫的變化乃至於濕度的變化，都可能使他病情急劇惡化。原意是讓管老和老師見上最後一面，以了雙方那股切的思念，沒想到老師竟然擔起這麼大的麻煩。

雖然我相信老師的藥物絕對溫和，而且絕對靈驗，但古有名言「藥醫不死病」，而老師也經常告誡我們「賢不薦醫」，如今卻不顧一切，挺身而出，此情實在感人。但是老師這款款深情，以及藥物的靈驗奇效，是否能得上天的垂憐，順利地完成它們的任務呢？

最美麗的微笑

不論如何，能夠看到老師和管老的相聚，總是件興奮的事，懷著愉悅的心情，等了將近一個鐘頭，管老終於被推進五號病房。經過兩個月日以繼夜的折磨，此時的管老幾乎沒有一絲生氣。楊太太迎上前去，第一句話就對管老說：「南老師來了。」當管老的眼光投向老師時，他笑了，這是我平生所見到最美麗的微笑。他笑出心靈的喜悅，忘我的欣慰，在這超越而感人的微笑下，蒙娜麗莎的微笑也將為之遜色。

老師隨即幫忙看護人員將管老抱上病床。非常奇妙的，此時躺在病床上的管老和一分鐘前枯寂無助的他判若兩人，流露出無比安詳的神態。深厚超然的道情，無以言喻的契合，在這一刹那顯示無遺。

老師囑我調製內服和外敷的藥，自己則半靠半坐的依著病床，以兩掌為管老運氣以助其體能，這個姿勢令我想起了母雞孵小雞的情景。看樣子，老師似乎把閉關以來三個月的功力毫無保留地為管老施出。如此經過了一個多鐘頭，老師準備離去。管老卻依依不捨地請老師留下，於是老師直到他安然睡去，才悄悄離開。

第二天一早，我照例前往榮總，管老一看我就問：「南老師呢？」我對他說：「我直接從家裡來，南老師沒有來。」管老一聽，神色為之黯然，看了實在讓人心痛。所喜的，老師下午又再度出關探視。

管老看到老師，終於又開心地笑了。同時又開心地說：「真奇怪！我給你一個證明，凶得很，就那一刻、一分、一秒。不行，豪氣呢？不甘心，像插頭一樣，插上了。」我在一旁聽得莫名其妙，老師卻笑嘻嘻地點頭說：「不要講，我都知道，多休息，等好了我們慢慢再談。」隨後就有如慈母般握著管老的手翻譯給我們聽：「他說：這次病發時，來勢凶得很，馬上就要死了。佛法說『一切唯心』，又說『心能轉物』，他想修學了二十多年，難道就此走了嗎？平生的豪氣哪裡去了？於是提起一念，要回來看看，這個時候就像電器插頭似的，一插就對了，就又回來了。所以今天還能和我說話。」管老微笑的聽著，我也笑了。我為他這一壯舉而笑，我為他終於吐露了心聲而笑，同時更為他的聰明而笑。他非常清楚老師和他心靈之間的契合，所以當他直接和老師談話時，只用幾個簡單的辭語，許多必要的連接辭和文法都被他大刀闊斧地扔到一邊，這就是可愛的管老。

第三天一早，我去榮總時，非常可喜的，他已能自己翻身了。比起前兩次出隔離病房時，他連彎彎腳都要請人幫忙，這種進步，實在神速。而老師對他精神的安慰，以及藥物的靈效，也不得不令人嘆為觀止。當天晚上子時立夏，為恐節氣變化，老師晚間九時到達病房，一夜未眠，陪在管老身邊，以便隨時照應。據說，當晚管老就像嬰兒似的偎在老師懷裡睡了半夜。

當我翌日（五月五日）清晨到達時，老師已經離去。但管老體溫卻略略增高。晚間我再度前往時，管老由於咳嗽持續了五個鐘頭，心跳增至一百十八次，體溫高達三十九度。我原先的顧慮不幸成為事實。院方初步診斷，認為很可能是細菌感染，但經多種照相檢查，始終沒有找出原因。老師提供的藥物雖然有效，但卻不得不半途而廢。從此，老師只能在關中空空的焦慮，遙遙的祝禱。對著管老那堅強又無力的掙扎，真令人有「雖曰天命，豈非人事」的無限感慨。

最後一席話

而我則照舊每天前往，每次隨侍病榻約一小時。到了五月九日，管老溫度漸退，趨於穩定。當我為他按摩時，他又再為我說法：「道，在天為天道；

在地為地道；在人為人道。我廿年來追求這個道，如臨深淵，如履薄冰。」說到這裡他忽然止住了，睜開眼睛，非常肯定地說：「這些我對你說過了。」我點頭說：「對！您第一次離開隔離間，我來看您的那天下午，您要我轉話給南老師，第二天上午，您又要我轉話給蕭先生。我都照辦了。同時老師和蕭先生都不約而同地要我把您的談話記錄下來，他們認為很有價值。等您康復後，我要請您過目，看看是否有記錯的地方。」他非常開心地笑了。同時又悲天憫人地說：「心性之學現在幾乎沒有人相信，你跟南老師好好學，將來要發揚光大。」在鬼門關打了好幾個轉身，日夜不分地纏綿病榻兩個月的管老，頭腦竟然如此清晰，對自己談話的內容、時間，還了然於心，實在令人佩服。管老若天上有知，不知是否會笑我多此一說。至於他對我的鼓勵，雖令我慚愧萬分，但是長者的關懷，卻是令人難忘的。

這是巧合嗎

當晚老師晚課，照例為管老迴向後，非常奇妙的，供杯再度被水力沖破。果然，管老又從當晚九點咳嗽到凌晨三點。前幾天——五月五日管老連咳時，老師施食用的供杯也曾被水沖破，這是巧合嗎？總之，形而上道以及鬼神之說，千古以來仍為難解之謎。宋明理學家強作解人，說「鬼神者，二氣之良能也。」其然乎？豈其然乎？

五月十日又稍穩定，但院方始終無法下診斷定論，雖然經多次照相，沒有細菌感染的徵兆，但也只好囑咐隔離探病的親友。而我，當然也不便再經常隨侍病榻。但是由於老師對管老的念念不忘，因此我還是儘可能風雨無阻，每天親至榮總，以便獲得比較確切而詳細的消息，好向老師報告。

異想天開

此後，管老病情時有反復，終於在五月二十日，第五度進入隔離間。到了五月廿七日，管老悶得難過，吵著離開隔離間，甚至吵著要出院，醫生當然不准，於是他想出妙方，讓楊太太拿他的身份證、護照等，辦出境手續，他要到菲律賓找他的大少爺。楊太太聽了，對這個無理的妙方哭笑不得，轉告醫生，結果醫生投了同情的一票，廿八日看護將他從四樓的隔離間，送至十一樓的病房。當電梯升至十一樓的病房，他頗為得意地，自我幽默道：「這麼快就到菲律賓了啊！」遺憾的，他這幽默沒有引起共鳴，反而引起大家頭痛，以為他神智更加不清了。

管老雖然得意地出了隔離間，不幸兩天之後（五月卅日）由於發燒、咳嗽，於是第六度又被送入隔離間。此後管老又製造了不少醫生認為的奇蹟，數度起死回生。

女承父志

七月二日清晨，我照例前往榮總。此時管老的大小姐再次從美趕回。當我和楊小姐一道下樓時，她囑我請關中的老師為管老加持迴向。乍聽之下，頗令我驚訝。因為管老家人對佛道並不深信。正當我懷疑是否誤聽時，楊小姐接著說，她只希望她父親的神志保持清明，至於肉體的生死，那是次要的問題。如果管老的身體能夠復原，當然求之不得；如果不幸還有前生業力未了，那麼請老師設法使他早日超生，安然而去。聽她一口氣說到這裡，真令我又驚又喜。楊小姐為虔誠的天主教徒，近年主修宗教哲學方面的課程，頗有心得見解。有女如此，對病危的管老將是莫大的安慰與助力。當時限於時間，我們只得匆匆話別。

回來向老師報告後，基於愛屋及烏的情懷，囑我晚間再往榮總，提供我們所知管老病中的資料，以供楊小姐參考。同時囑我轉告，楊先生病中對她非常思念。老師又說：至於管老病中的心理狀況，頗為矛盾，有時求生意志很強，有時又想一走了之。至於最近幾天，心情非常平靜。

兒女情長

晚間到達榮總時，楊小姐正在傷心痛哭。原來晚飯前後，無法說話的管老，在隔離間對她默默地流著傷心無奈的英雄老淚。面對鼻子插著氧氣管、口腔插著胃管，肺部用著人工呼吸機器，病得令人心碎的老父，她幾乎肝腸寸斷。她強忍著滿腔澎湃的哀傷，強忍著隨時可能決堤的淚水，以免觸發老父更多的悲戚。一直忍到抽空上樓之後，飽和又飽和的哀傷才一股腦地宣洩而出。

孝悌感人的大少爺楊麟，站在一旁勸慰著：「Daddy已經有了一線生機，不要哭了。」而楊小姐卻痛心地說：「我這個時候不哭，什麼時候哭？如果Daddy 走了，我可能就不哭了，說不定那天我都不回來了。」兄妹二人雖然本著同樣赤誠的孝心，但在人生觀點上卻略有不同。對兄妹間深厚的親情而言，這或許是一點小小的遺憾。

楊小姐平靜後，對我說：「固然奔喪是一種禮，但是我相信，如果真有那一天的話，我和我父親之間不需要這一套。

當我父親今年三月間第一次發病時，遠在國外的我，恨不能插翅而回。在我上飛機前，我焦急地和我一位指導教授——嬷嬷（修女）談起，她建議我儘速向南老師求援，無奈南老師閉關，而我又不慣於寫中文書信，因此作罷。

如今南老師說我父親精神方面的靈知一直都很清明，那我就放心了。同時據我這兩天來的觀察，也的確如此。前些時候，我從電話裡聽說我父親頭腦不清楚，我真是著急，同時非常痛心。因為他在這（心性之學）上面花了二十幾年的功夫，應該有些收穫。我實在不希望他一無所成，欺騙了自己。否則，那就非常可悲。

我父親一向非常要強，如今他卻到處都必須任人擺布，這倒真是一個痛苦的考驗。因為他一向非常要尊嚴，所以我一到就把他被綁的雙手鬆開，我用自己的手抓住他，以免他用手抓掉氧氣管。

當他第一次發病時，我非常瞭解地問他：Daddy 你現在不想死吧？他點點頭說，他還有事情未了。我懂，他這是指對佛法的修證而言。

幾天之後，他在隔離間又第二度發病，我一聽到這個消息，就判斷他是要勉強撐起來打坐，而導致心跳加速。事後問他，果然如此。於是我提醒他，躺著照樣可以用功，不一定非要打坐才能修道。

我這次回來，看到他仍然未能徹頭徹尾地放下，於是我對他說：您平常經常告訴我，要無所求。但是您現在有所求，您求『作佛』。假如您還有此一求，那就差了。現在麒麟（指其兄楊麟）很好，我很好，阿姨（指楊太太）也有歸宿，您可以放心了。您現在要放啊！

我對這方面的辭彙不大通，但是我父親很能瞭解我的意思。他點點頭，但卻依然有情地對我表示『我走了以後或許會變成那隻小鳥，唱歌給你聽。』我對父親這有趣而深情的幽默，強忍著奪眶欲出的熱淚，笑著對他說：連這隻小鳥也要放下。牠也是空的。他再度同意地點頭，隨後我就勸他安睡。

我和父親的這些談話，別人聽了都以為我在發神經。我和你雖然只有數面之緣，但是今天這番話我卻無法和其他人談。」

走筆至此，楊小姐那睿智而可愛的性情，宛然如在目前，管老有女如此，足可慰矣。隨後幾天楊小姐對院方用藥和調藥方面又顯示出卓越的機智。

在身心雙重的協助鼓舞之下，管老的生機一絲絲地增長。於是楊小姐在七月十三日，略為安心地又踏上征途，飛向太平洋的彼岸，著手一些亟待處理的家務。臨行時和老父依依話別，並約定兩個月後的團聚。而後帶著訴不盡的離情，等待著團聚時的把手言歡。雖說「人生到處知何似？應似飛鴻踏雪泥。泥上偶然留指爪，鴻飛那復計東西！」但是面臨親情的生離死別之際，誰又能揮走灑脫後面那絲無奈的惆悵。

無情風雨無情天

人雖有情，奈何颱風無情。七月卅日薇拉颱風挾著無比的威力，橫掃台灣北部，切斷了榮總的電源，人工呼吸的機器因而停頓，而管老這搖搖欲滅的生命之火，就更加微弱了。

八月二日，接到紀東學長的電話，獲悉管老在八月一日謝世的消息時，我幾乎不敢相信——其實應該說不願相信。再問一次，果然是這無法挽回的事實。分不清心頭是什麼滋味，只覺猶如一片死水，猶如陷入絕望的深淵，千般的無奈，萬般的不願。拖著沉重而麻木的腳步，連忙叩關向老師報告。

老師默然地點點頭，隨即垂詢管老過世的正確時間，以及當時的情景，我都無言以對。老師難免對我的粗心大意責備一番。當然，我難辭疏忽之咎，但是不容否認，管老的死訊使我身心停頓。因此我沒有為自己作任何辯解，就木然而退。老師對管老的悲痛、哀悼，雖然遠超過我千萬倍，但老師畢竟是老師，經得起任何的打擊，依然事事洞明，依然大師風範。同時也因為八月一日晚間九、十點左右，老師突然極端鬱悶，原來正是管老辭世的心電感應。

管老終於停止了五個月來和死神的拉鋸戰，但是他似乎沒有停止奇蹟的表演。

八月十日從榮總移靈時，按捺不住渴望再見他一面的衝動，我走上前去，結果發現經過十天冰凍的遺體竟然柔輭異常。而那對瞪得又圓又大的眼睛，似乎悲憤地說：「你看看！我就是不閉眼睛。」我一陣心酸，不敢多看，因為我實在不忍多看。管老雖然不再言語、不再活動，但這股悲憤哀怨的情緒卻活生生地打入我的心扉。

懷著酸楚而沉痛的心情走出殯儀館後，即刻電話向老師報告，老師一聽卻說：「我知道，不必說了，明晨就會閉上的。」

雖然「凡所有相，皆是虛妄」，但第二天大殮時，我仍然忍不住地走近靈柩，瞻仰他那最後的儀容。奇妙的，他雙眼闔攏了。對生者哀悼痛惜的心情而言，這總多少是一點安慰。但是安慰卻止不住陣陣的熱淚，更揮不去那濃濃的哀思。

夢中再來身

八月卅日公祭後，和管老素無深交的健齡學長，也尾隨著靈車，前往安坑的楊家墓園，一問之下，才知管老近日在夢中和他數度談法說道，大有多年好友的味道。我們目送他進入暫厝的大理石小屋。這就是人生的終站嗎？他是否就此安息了呢？

九月二日清晨，大地都還在安睡時，一鵬世兄被門鈴聲吵醒，當門鈴聲第二響時，他不得不揮走睡意，前去開門。一看，竟然是管老來了。一鵬正覺訝異時，管老爽快地說：「我不是來找你的。」隨著就自顧自地從三樓走上四樓，一鵬尾隨其後，上了四樓，又是一愣，四樓的運動場所，怎麼又回復了從前老師家居時的隔間？正自不解時，老師從一間屋子開門將管老迎入，他們似乎已有約定。生性不覊的管老一見老師，竟然要行跪拜禮，而老師則是一貫作風，忙加阻止。管老的行持為何有此轉變？他們到底談些什麼？一鵬都無法得知，因為他就此醒轉了，發覺自己正躺在床上。是夢耶？是幻耶？一鵬一向是不相信這些怪事的，可是這一次的經歷，卻使他有點迷惑了。

一鵬把這個好像不是夢的夢呈述老師後，老師但囑他可以寫一則晨夢記。我們雖然懷著一份依依的思念之情，很想知道管老目前的狀況，但卻不敢貿然求問，因老師對這些非人事所及的範圍，一向不肯多言。

永遠的哀悼與追思

如今正值雜誌復刊，我由衷地想追記一點對管老的悼念，徵求老師的意見。老師說，不要作表面文章，應該踏實的從管老的「父慈子孝」說起。因此我們首先將管老的一篇代表作〈恩勤九十年〉重新發表於後。相信不論和管老識與不識，都將體會到文字後面，他那顆赤誠的人子之心。在今天的社會風氣之下，更是難得一聞的暮鼓晨鐘。

現在並隨錄數則追悼管老的聯語於左。藉此我們可以略窺管老一生的行徑、風儀。

儒佛豪俠兼而有之　道義見風儀　是謂丈夫真本色
忠貞亮節固足傳也　存亡感涕淚　無多益友篤鉗錘
（蕭政之先生的輓聯）

生也豪氣淩雲　不愧英雄肝膽
歸兮清明在躬　無減賢聖襟懷
（傅良居代表的輓聯）

病榻一席話　論性命微言　十智同真末後句
人間百年事　願治平匡濟　三生無礙再來身

（南老師的輓聯）

將來老師可能還會發表二十多年來，管老和他之間足堪記述的事蹟，對追思管老的友人而言，這不啻是件令人渴盼的消息吧！管老生前，為他的父親（鑑泉老先生）祝壽，寫作〈恩勤九十年〉的時候，老師親預其事。因而管老在和老師閒話家常，言及他的身世、經歷時，流露出更多的寶貴言行，其中有許多是外界所不明瞭的事故，足堪友人之永懷留念。現在讓我們在此同聲頌禱：「生生一念祝能仁」。

附錄

管老七十華誕時，老師祝賀之詩，由劉大鏞先生書寫。管老曾對我說，老師送他的這首七律，足為他生平小傳的寫照。

甲寅五月　管北居士七十壽辰　自署齋名曰二樂　交遊廿年　相知頗深　從無片言隻字以贈　今從俗隨賦一律　概其生平　並志慶賀

少年負氣鬥名場　朝市山林仗義忙
曾友朱家師子貢　不輕原憲薄弘羊
盛衰遍閱榮枯色　甘苦深知進退方
不二門中餘一樂　問心無愧對空王

摘自《人文世界》一九七七年十月第七卷第二期

下篇

楊管北先生講演錄

今日大專學生應當挑起的擔子

——復興中國文化

【應海洋學院之邀，在週會上的講演辭】

孔子第一

中國文化，乃世界上最古老的文化，亦是最優秀的文化。

中國文化以儒、釋、道三家為代表，與歐洲希臘文化、羅馬文化及基督教文化和阿拉伯文化、印度文化相比較，實在高了一籌。在六、七年前，美國曾經開過一次世界學術會議，以人民信仰多寡為標準，推出了世界上十大思想家：第一位是孔子，第二位是佛陀，第三位是耶穌。

在十名中，東方文化占有了兩位：（一）孔子（二）釋迦牟尼。

文化特色

佛學原來是印度文化，而在印度，因為宗教眾多，派別混雜，在印度本土上逐漸萎縮，到現在幾乎將近失傳。而佛學中的大乘思想，只有在中國發揚光大。拿孔子出生與佛陀出生比較，孔子與佛陀似乎是相差不遠。而事實上孔子乃是述而不作，集中國古代堯、舜、禹、湯、文、武、周公之大成，故吾說中國文化思想實早出印度佛教思想幾千年。而佛教到了中國，受了中國文化的影響；其中尤以老莊思想為最，於是佛教便成了中國佛教。其中，禪宗從拈花微笑起，在印度傳了二十八代，每代傳付一人。而達摩西來，傳了五代，到第六代即發揚光大，滿布天下，成了中國的禪宗。至於道家，秦以前，儒道不分，如果分，只好說儒家好於問政，道家喜歡隱逸。而事實上，在中國歷史中，太平盛世時多數是儒家當政，危亂之時，多數是道家撥亂反正。所以中國文化之古老優秀，乃世界所公認。

做了多少

而今日中國文化究竟如何？可說已到了不絕如縷之際。何以見得？大陸上七億五千萬同胞，可以說除了老年人尚能保存在腦子裡一些傳統文化外，少年人、幼年人，根本不知所云。等到老年人死光了，豈不是一切斷滅？今日唯一能保存中國文化的所在，全靠我們台灣了。故蔣總統高瞻遠矚，提倡復興文化，實行九年國民教育。最近清明節政府又通令定名為民族掃墓節，放假一天，以恢復中國民族慎終追遠的道德觀。可是蔣總統提倡不遺餘力，政府鼓勵不遺餘力！而我們當今教育課程，究竟改了多少？我們的教師，究竟講了多少？我們的學生，究竟接受了多少？實在是一個問題。據我所知，現在學生的中文程度，實在太差了。去年年底《慧炬月刊》，由兄弟加印了二千本錢穆先生在軍校所講的〈中國文化之精神十三講〉，由《慧炬月刊》分贈全國大專卅五個學校的哲學研究社團。希望大學生讀了這本書後，寫出心得報告；第一名獎金三千元，第二名獎金二千元，第三名獎金一千元。到現在只收到數十件，當然尚在陸續交卷之中；然而（從收到）的卷子看來，好的實在不多，且看出了現在大學生的中文程度，僅相當於我們幼年時代的中學程度。如此，中國文化復興的進度就困難了。所以我今天來講這個題目，希望我們大學生要挑起這個擔子，負起這個責任；真正的讀中國書，研究中國文化。希望我們的校長先生與教授先生，負起這個責任。真正實行復興中國文化的教育不是口號，不是敷衍，這樣中國文化可救於不絕如縷之中，這樣才可振作，才可復興。

條條大道

我今天講復興中國文化，並不是復古，古代有古代的背景，今日有今日的環境。中國文化最高結晶，就是一個「道」字。「道」是無古今的。什麼是中國之道？孔子說：「志於道，據於德，依於仁，游於藝。」這是孔子的心法。到了曾子，就是「大學之道，在明明德，在親民，在止於至善。」到了子思，就是「天命之謂性，率性之謂道，修道之謂教。」到了孟子，就是「盡其心者知其性，知其性則知天矣。」又說：「仁，人心也；義，人路也。」我們今日之教育，只要以四書為根本教材，而學生能夠熟讀四書，精研四書，並能實行四書之教訓，照四書做正心、誠意的工夫。窮則獨善其身，達則兼善天下。趙普說：「半部《論語》可以治天下。」誠屬不虛。而四書上千言萬語，就是教人明道行道。「道」究竟是什麼呢？孔子說：道就是「仁」。曾子說：道是「明德」。子思說：道是「性」、道是「誠」。孟子說：道是「心」。總而言之，道即是仁義禮智。仁義禮智即是本心。所以儒家講正心誠意，佛家講明心見性，道家講修心養性，都是同歸於道。

會於一「心」

孔子教育的思想，是教讀書人志在明道，志在求道。故孔子「十有五而志於學，三十而立，四十而不惑，五十而知天命，六十而耳順，七十而從心所欲不踰矩。」這是孔子自己求道明道的過程。求道要做工夫，孔子的方法就是「克己復禮」，「一日克己復禮，則天下歸仁焉。」如何克己，孔子說四勿：「非禮勿視，非禮勿聽，非禮勿言，非禮勿動。」又說四毋：「毋意、毋必、毋固、毋我」。曾子的方法：「知止而後有定，定而後能靜，靜而後能安，安而後能慮，慮而後能得。」子思講「慎獨」，講「誠意」；「誠者天之道也，誠之者人之道也。」人能誠則能「盡己之性；能盡己之性，則能盡人之性；能盡人之性，則能盡物之性；能盡物之性，則可與天地參矣。」孟子講「求其放心」。佛家講「止觀」、講「觀照」。禪宗講「參禪」。道家講「靜坐」。照儒、釋、道的理論與做工夫的方法，名目雖然不同，下手或且不同，而其整個目的，就是管治身心，淨化身心；就是「去人欲，存天理」，達到己立立人，己達達人，自覺覺他，自度度人，是一樣的，是殊途同歸的。所以說，儒家「五經」「四書」，佛家的「佛藏」，道家的「道藏」，歸納起來，全是說了一個心，以及如何做工夫實行一心。

因病知道

我讀儒書，在幼年時期，我的老師有秀才、有拔貢，太老師是進士，是經學家。我從六歲開始，讀到十八歲，方進教會中學及大學，當中又接受了基督教薰陶。雖然我不是一個笨人，然而我對所讀的書，只是知其然而不知其所以然。後來到社會上做事，雖然我不敢離開儒家做人的道理，而對於「道」這個字，仍然不能透徹。到了五十歲那年，我代表中國航業界到英國出席世界航業會議三星期。會後考察歐洲，經過德國漢堡時，發了心臟病，在德國醫院中住了四十餘日，改往美國診治，經八個月方返臺北。返臺後，有個朋友勸我打坐，以強心健身，並介紹南懷瑾先生教我打坐，因此而發現南先生是當代禪宗的大德，並且精通儒、道等學問，我就跟他學禪。歷經十七年，每逢星期六在我家中講經、講公案，並做參禪靜坐的工夫。起初三年，我除打坐外，就是研究佛經；而佛經許多名辭術語方弄清楚。到十年後，全部佛法大義，可算了解。再回過頭來看四書，並看宋明理學家的學案；看清楚孔孟心法，以及理學家的繼續了孔孟心法，使孔孟學問再發揚光大。而我走的路子正與宋明理學家走的路子相同，自信了解佛家心法，亦實相通於儒家的心法。可以說儒、釋、道三家形而上的學問，就是心性之學。

心的分歧

所以我今天在此告知諸位同學，你們可以省了研究佛學的工夫，也省了宋明理學家所花費若干年的工夫，也省了走我的路子。我將我的心得告知諸位，簡簡單單，明明白白，就是隨時隨地管治自心，省察自心，控制自心；也就是隨時隨地觀照自己的念頭。念之一字，就是今心兩字合成。如果起念時是正，就是正心；起念是邪，就是邪心；起念時是善，就是善心；起念時是不善，就是不善心；起念時是惡，就是惡心；起念時是貪，就是貪心；起念時是欺詐，是欺詐心；起念害人，是害人心。凡是念起，隨時看它是正、是邪、是好、是壞，隨時改正，隨時糾正，不使放逸，不使亂動。做到壞的念頭減少，好的念頭增多，這樣做，就是「苟日新，日日新，又日新」。道理如此，就能轉凡成聖，轉人為佛。這就是道意，就是大學之道。

人的偉大

何以證明道就是心，心就是道？諸位同學，五經四書，以及一切文化記錄、佛教的佛藏、道教的道藏，都是人寫的，人做的。今天西洋科學家發明原子學、太空學，人已經登上月球，將來可到整個銀河世界，或者更進一步到銀河系統以外的世界，都是可能的，這些也是人為的。而人之所以為人，就是靠這個心，這個性。諸位同學，天、地、人為三才。天以日月星辰風雨雷電，無條件供給人類；地以萬物，無條件供給人類；人即應當以道德、仁義、慈悲、喜捨供給社會、供給國家、供給世界。孔孟之道人道也；人道者，即行天之道也，如此才是天人合一。人雖為萬物之靈，亦即動物之一。人即為物，則物即是我，我即是物，故曰物我一如。以上為我十八年中研究道的心得，今天明明白白告訴諸位，此為不誑語，是實語，如果謊騙諸位，余將會受報應。

黑白一心

今世界大亂不已，猶如洪流泛濫，原於人心破產，人心為惡，就是黑心世界，邪惡世界；自由世界雖然不是黑心世界，邪惡世界，但是過去帝國主義侵略，今日是經濟主義侵略，都是極權主義。一切的結果，均是世界上一般所謂政治家，縱橫捭闔，投機取巧，陰謀陽謀所造成，亦即是邪惡心所趨使。心既能造惡，亦能造善，心能使天下大亂，亦能使天下大同。故正心誠意，明心見性，修心養性，是今日自救救人、救社會、救國家、救世界的唯一法門。諸位同學，這個法門，是我國的文化，今日可以證明道無古今，心性無古今。所以我希望諸位同學，從今天起挑起復興中國文化的責任，而事實上亦是輕而易舉的事。只要從自己本心上做正心誠意的工夫，明心見性的工夫，修心養性的工夫。擴而大之，可以充塞於宇宙之間；歸而納之，可以繫於吾人當下一念。這是學問的根本，至於科學、史學、文學，以及一切的學問，皆是枝葉。故孔子云：「志於道，據於德，依於仁，游於藝。」藝是六藝：「禮、樂、射、御、書、數。」禮、樂是「文」；射、御是「武」；書、數是「經濟」，孔子又說：「弟子入則孝，出則悌，謹而信，汎愛眾而親仁，行有餘力則以學文。」此正是道德仁義的根本行為。

故余望諸位同學，現在在校照常上課，但必須特別研究四書，而隨時隨地做觀照心念的工夫，省察心念的工夫，修養心念的工夫。則道學可明，藝學可精，本末兼顧，焉有不成為頂天立地之大丈夫。今日台灣所有大學生，皆從心性之學根本上做起，更從而研究科學，則國家的復興有何難哉。

摘自《人文世界》一九七二年六月第二卷第六期

大事因緣

【講於台北善導寺】

僧道無緣的前奏

道安法師要我今天到此（善導寺）和諸位講幾句話，有關佛理方面，諸位法師已有詳盡的解說，因此我想就多年來學佛的自身體驗，略舉幾個要點，提供給諸位作個參考。

話說二十年前，我代表政府到英國參加世界航運會議，會議閉幕後，乘便遊歷一番，以觀歐陸風光。暢遊大不列顛王國之後，即往瑞典、丹麥、挪威，瀏覽北歐名勝，而後登陸漢堡。此時好景不常，不測風雲帶給我一場心臟病，就地在病榻上纏綿了四十天，才移床就美，又賦閒了半年多，而後飛回寶島。

在這之前，我一直以儒家為宗，常以儒理自勉，對佛教沒有好感，對韓文公等人的排佛，倒是心有戚戚焉。或許是機緣未到，或許是自幼薰習，導致了我這種「尊儒闢佛」的心理。這就又要提到我的啟蒙老師以及太老師了，他們都是知名的經學家，大門上張貼著「僧道無緣」的招牌。步出了瀰漫著這種氣息的學堂後，我踏入了教會主辦的學校，每逢牧師們向我傳授福音時，我總是無功不受福地予以駁回，由此也可見我生性不馴的一斑。

由於這塞翁失馬的一病，經友人介紹，從南懷瑾老師學習打坐，由此我發現南老師精通儒、釋、道三家，堪稱「經綸三大教，出入百家言」，於是敦請南老師開講佛法，如此，經過了三年的窮理鑽研，我終於對這無上大法生起了信心。

據我個人體驗，除非生而知之的睿智者，否則學佛必須先打好佛學的底子，以求文字障的清除。對佛理有所解悟之後，修持起來才不致走冤枉路而導致緣木求魚的笑話；至於研究佛學（理）的目的也就在於輔導學佛（行）。儒家對此，則不約而同地提出「博學之，審問之，慎思之，明辨之，篤行之」。在座諸位多半是大專青年，甚至還有研究所的同學，知識分子學佛常常會犯談玄說妙的佛學病，只在文字上打轉反而迷失了學佛的真精神，正所謂「蠅愛尋光鑽故紙，百年哪有出頭時」。雖然說也說得，會也會得，無奈是生死到來時，派不上一點用場。

心心相印

那麼佛家的真精神何在？學佛的意義是什麼？

古云「東方有聖人，西方有聖人，此心同，此理同。」讓我們先看看中國的至聖先師有何高論。他說：「志於道，據於德，依於仁，游於藝。」他還說：「弟子入則孝，出則悌，謹而信，汎愛眾而親仁，行有餘力則以學文。」學文也就是游藝，所指的不是當今的文藝，而是禮、樂、射、御、書、數的六藝之藝。如今教育水準提高，學術思想發達，諸如政治、經濟、軍事、社會、心理、生物、化學、物理等等課程都只屬於「道、德、仁、藝」的藝，在儒家看來只是些枝葉之學。至於仁是什麼，德是什麼，道又是什麼，現代教育裡已經找不到他們的蹤跡。因此，還是讓我們看看孔子怎麼說的。他說：「形而上者謂之道，形而下者謂之器。」又說：「立天之道，曰陰與陽；立地之道，曰剛與柔；立人之道，曰仁與義。」

這個道可道非常道的道，在天成天道，在地成地道，在人成人道，充分流露出「天地與我並生，而萬物與我為一」的齊物精神，這也就是佛教中華嚴法藏「一花一世界，一葉一如來」的中心。我們學佛也就是要追求這「放之則彌六合，收之則退藏於密」的「道」。這個至善的境界，就是我們原有的明德，也可以說是我們的本來面目。我們要學佛，就要實證到這一點，恢復到與日月同光，與天地並壽的本來面目。

道地工夫

要從現在這「方生方死」的博地凡夫，超越到解脫自在的如來之位，究竟應該如何著手呢？聞思之後如何得慧？信解之後如何得證？主要關鍵就在

「修」「行」兩個字。修行說通俗點就是目前風行海內外的「功夫」。佛理如果沒有自身功夫的配合，儘管三藏十二部說得頭頭是道，也只是說食數寶，佛我不一。近代學佛的不論在家或出家，往往忽略了這最重要的一環，如今道安法師身為善導寺住持，深望他能發心繼此道統，續此慧燈。各位青年學子也當時時努力，「日日新，又日新」地朝此目標邁進，我願與諸位共勉之。

說到工夫，一般人就會想到打坐、禪定。不錯，禪定是佛法實證的工具，但禪定卻不限於打坐，更不是佛法的究竟。打坐為的是訓練我們這顆心在待人處世、行住坐臥間時時都處在禪定的境界。打坐主要是在心地上下工夫，而不是在腿子上下工夫。

悠悠我心

因為佛法是心地法門，他標示出「心、佛、眾生三無差別」的理論，禪宗因而提出「即心即佛，即佛即心，非心不問佛，問佛非不心」的觀點。既然要在心上作工夫，讓我們看看我們現在這顆心吧，我們看不到「明鏡台」的氣象，更看不到「變化由心」的神妙，我們看到的只是些剪不斷理還亂的雜思亂想，隨著外境如影如幻的財、色、名、利而自尋煩惱。據我個人二十年來觀心——在心地上用功的體驗，一動念頭就是貪，一動念頭就是私。由於這點點塵埃、片片烏雲的遮蓋，本性的光明、本性的功能就變成了現在「身不由己」的我們。

因此，學佛的工夫首先必須從行為道德上入手（這裡的行為包括了心理行為），於是佛家提出了五戒、十善，孔子提出了「克己復禮」、「非禮勿視、非禮勿聽、非禮勿言、非禮勿動」等等。

為了輔助行為道德的至善，以及圓明自性的體認，儒家概要地提出了「養氣之說」，佛家則不厭其詳地揭示了天台止觀、禪宗參禪、淨土念佛、密宗持咒等多門方便。無論是止觀、參禪、念佛、持咒，不外是要我們這顆亂糟糟的心做到繫心一緣，而一心不亂。

一心不亂了又怎麼樣呢？《大學》上告訴我們「知止而後有定，定而後能靜，靜而後能安，安而後能慮，慮而後能得」，也就是佛家「定能生慧」的意思。惠能在《六祖壇經》上，就此曾扼要地點出不思善、不思惡，正恁麼時，阿誰是你本來面目？我們如果找到了這「百姓日用而不知」的它，就是悟了道，也就是禪。因此我們要認清，打坐為的是禪定，禪定則是為了道、為了禪。

桃花悟道

古人有睹桃花而悟道，也有聽歌曲而悟道。我們除了打坐，平時行、住、坐、臥時應該如何用心，才可能有悟此一道的機會呢？譬如現在大家聽我說話，不要太專心、太注意，輕輕鬆鬆自自在在地，我說的你們都聽得很清楚，馬路上的汽車聲，頭頂上的飛機聲，雖然隆隆於耳，卻絲毫不發生干擾。好，就保持這種「現量境」，不要再另求一個清淨，這不是「本自清淨、本自具足、本無動搖」的自性之一端？體會了這個道理，作工夫時，對著「秋風落葉亂為堆，掃去還來千百回」的無謂雜念，才不致石頭壓草般地手忙腳亂，而能怡然自得地「一笑罷休閒處坐，任他著地自成灰」。妄念煩惱雖然是「苦」，我們不要忘了他們也是「空」，也是「無常」，因此對著出沒無常的他們儘可不必枉用心機，他們自會飄然而去，剩下那趕不走揮不去的靈明覺知，不就是「常」「樂」「我」「淨」的本性？

因此禪宗有「不見本性，修行無益」的觀感，同時有「只貴子眼（見地）正，不貴子行履（工夫）」的說法，倒不是禪宗輕視作工夫，而是見地到了，工夫自然隨之而至，所謂「佛說一切法，為度一切心，我無一切心，何用一切法？」不過話雖如此說，六祖悟道後仍處在獵人隊裡，韜光養晦了十七年，才出來弘揚心法，可見悟後仍然要修持，所不同的此時是修而不修，不修而修。

「放下屠刀，立地成佛」也就是這種「一念回機便同本得」的另一種說法，亞聖孟子則說「人人皆可以為堯舜」。孔子是聖人，耶穌是神，釋迦是佛陀，我們看見的，聖人、神、佛都是人做的，只要我們立志學佛，立志求道，精誠所至金石為開，相信我們會有所收穫的。

摘自《人文世界》一九七四年九、十月第四卷第二期

儒佛融通——宗旨和修持方法的簡介

【民國六十四年十月五日講於《慧炬》月刊社】

今天在座諸位，有教授，有大專社團負責同學。諸位同學能在大專社團居領導之位，想必具有相當的程度；教授們當然更是飽學多識。因此精詳的理論系統，不用我在此錦上添花。現在僅就我個人對儒、佛兩家研究的經過，以及體驗的心得，作一個簡要的報告，以供諸位參考。

我出生在七十年前的中國社會，因此幼年的教育在私塾中度過，接受了儒家的洗禮。雖然早期讀書時，往往只知其然而不知其所以然，但是開始有思想的弱冠之年以後，就常以儒理自勉。所以雖然我是個生意人，不如學者、教授們，終朝與書為伍，苦心鑽研，但不容否認的，我在儒學方面也下了五十年的功夫。

至於佛學方面，就要說到二十年前，我代表政府到英國參加世界航運會議，會議結束後，順道觀摩歐洲各國的經濟發展，也乘此機緣走訪各地風光。無奈一場突發的心臟病，使我在漢堡的病床上停留了四十天，而後飛美再度就醫。因此有感於「健康的身體為事業成功的基礎」，於是過了一段時間，飛回寶島賦閒韜晦。

不久，由好友介紹南懷瑾老師，學習打坐，以期修身養性。由此發現南老師精通儒、釋、道三家，尤其對佛法下過功夫，有獨特見證，是曾經閉關潛修的大善知識。在南老師處學佛、打坐，因而認識周宣德先生，知道周老有這麼一個弘法事業，於是我也欣表贊助。

學佛之前，少年得志於富貴場中的我，雄心萬丈，滿懷事業抱負。此後心境轉趨淡泊，廿一年後的現在，世間名利於我，好似過眼煙雲，水月空花。

和光同照

而對儒學的體認，在對佛法有所領悟後，才由「山窮水盡疑無路」而轉入「柳暗花明又一村」的境地，同時發現「東方有聖人，西方有聖人，此心同，此理同。」儒佛兩家原只是「聖人以無為法而有差別」，雖然門戶不同，形式有別，但基本精神、最終極則卻無二致。

佛法傳入中國後，所以能發揚光大，就在於我國有深厚的儒學基礎，它和佛法不但有相互融通之處，而且可以相得益彰，互作闡揚。（這裡所謂的儒學，乃指秦漢以前儒道不分家的儒家，而不是後來單就孔孟，提出理學而言的狹義儒學。儒家的「儒」原是「人之需也」，指知識分子而言。後世卻以訛傳訛，特別只將孔孟列入儒家，而將老莊列入道家。）

總之，由於中國文化深厚的根基，所以對這來自異鄉的佛學，由好奇，而瞭解，而接受，而融匯，而發揚。不但沒有失其原意，反而益增光彩。這一千多年來，也成為中國文化的主流。所以提到儒佛兩家的宗旨，實在是難以劃分的。但是宋明理學家卻沒有注意到這一關鍵，竟然提出「尊儒闢佛」之說，實在令人感慨。

一以貫之

任何學問必須先明其宗旨，而後才能談其應用。

現在讓我們先看看儒學的宗旨是什麼。

歸納起來就是一個「道」字。

孔子曾說：「吾道一以貫之。」這句話豈不和佛學中的「萬法歸一」有異曲同工之妙？

我們再看孔子的自述：「吾十有五而志於學，三十而立，四十而不惑，五十而知天命，六十而耳順，七十而從心所欲不踰矩。」到底志於「學」是學什麼呢？在此，我以古人所說的「以經註經」的手法來下註解：這志於「學」是學「道」。何以見得？因為孔子又說：「志於道，據於德，依於仁，游於藝。」

至於傳孔門心法的曾子，在《大學》裡一開始就提出「大學之道，在明明德，在親民，在止於至善。」他說的是「大學之道」而非「大學之仁」。

再看曾子的傳人子思，更在《中庸》首章指出「天命之謂性，率性之謂道，修道之謂教。」同時又說「道也者，不可須臾離也，可離非道也。」也是講「道」。

現在讓我們再看一下孔子對「道」下的定義：「形而上者謂之道，形而下者謂之器。」「立天之道曰陰與陽；立地之道曰柔與剛；立人之道曰仁與義。」（見《易繫傳》）可見這個「道可道非常道」的道，雖然深妙高遠，但卻又不離我們日常生活。所以《中庸》說「君子之道費而隱，夫婦之愚可以與知焉。及其至也，雖聖人亦有所不知焉。」

孔子關於這一點說得更簡明切要：「弟子入則孝，出則悌，謹而信，汎愛眾而親仁，行有餘力則以學文。」在日常生活中，「造次必於是，顛沛必於是」地歷練自己，經過十五年的功夫才「三十而立」，四十歲才能「不惑」，五十才「知天命」，於是六十「耳順」，七十才「從心所欲不踰矩」。這是孔門心法的「五關」，至於佛學禪宗則有「三關」之說，而《華嚴經》更有「五十關」——十信、十住、十行、十迴向、十地，不是一步登天的。試看「善財童子五十三參」，此事此理並非一蹴可及，天下事都一樣——由淺而深，由小而大。這是一般人的路線，但如有「天才」則另當別論，否則都要一步步來。

因此儒家又列出了明宗路線：「格物、致知、誠意、正心、修身、齊家、治國、平天下。」以及立己立人的修持方法。關於這一點，我們留待「修持方法」中再作說明。

現在讓我們先看一下佛學的宗旨如何。

向上一句

成實宗標舉「第一義諦」，《華嚴經》以「一心法界」為宗，《法華經》則屢次提及「唯此一事實，餘二皆非真。」歸納而言，這些都是指我們的「心」，這個心是「萬法唯心」的心，為宇宙萬有（包括了精神、物質）的本源，也就是我們的「本來面目」。《大學》裡面稱它為「明德」，莊子則說「天地與我並生，而萬物與我為一。」

同樣說一個道，佛法舉出「萬法歸一」，演揚了三藏十二部，浩如煙海的八萬四千卷經典。

而我們中國卻由於最初是結繩以為文字記號，然後刻在石頭、銅板上。一本書的完成，很費周章，因而文辭簡練，上古文化思想多作歸納式的記載。但兩千多年前印度為什麼可編成大藏經？他們是用貝葉記載的，相當方便。因此同樣說一個道，說一個心，在佛經裡以各式各樣的姿態出現。

到了東漢，佛法傳入中國後，經過中華文化的融匯，就更為波瀾壯闊，別開生面。

「什麼是佛法大義？」祖師們或許端起茶杯以為回答，問話的如果換成我們，我們很可能會想：「神經病！我問的是佛法大義，你舉茶杯作什麼？」但古人就有由此悟入的。還有些祖師眼睛動動，眉毛揚揚——佛法就在這裡——各位怎麼看見這個茶杯？能看的是什麼？不是你的心是什麼？現在你們眼睛看著我，耳朵聽著講演，身子坐著，腦子裡還在分析著——佛學如何、儒學如何、同時又間雜一些其他不相干的妄念，一會兒想起明天有個考試，一會兒想起肚子餓了……你們看看這顆心既能看，又能聽，又能想……這不就是「何期自性本自具足」？同時既看，又聽，又想，卻互不相擾，而且看了聽了想了，就如雁過長空，它的功能依然存在，沒有絲毫減損，這不就是「何期自性本自清淨，何期自性本不生滅，何期自性能生萬法，何期自性本無動搖。」

這個道理誠如《中庸》所謂「雖夫婦之愚，可以與知焉。」平常心就是道，但是我們卻不懂得「求其放心」。所以寶誌和尚要感嘆「大道常在目前，雖在目前難睹。」

不論佛家如何富麗，不論佛學如何演變，歸根結柢，它是要我們「明此心」「見此性」。

克己復禮

儒佛兩家的「明宗」大致到此告一段落，下面要講修持方法。

在座諸位在《慧炬》所發表的文章，年年有進步，但遺憾的是，一望而知都是紙上談兵，而非從自己胸襟流露出的真本事。孔子曾說：「弟子入則孝，出則悌，謹而信，汎愛眾而親仁，行有餘力則以學文。」你們所說的理論沒有配合行證，因此說了半天，只是孔子所謂的「文」，和「道」幾乎不相干。

孔子對他的得意弟子顏回說了很重要的一段話：「克己復禮為仁。」又說：「一日克己復禮，天下歸仁焉。」復禮、歸仁就是聖、佛。

聞一知十的顏回緊接著說：「請問其目。」怎麼樣修持？怎麼樣去做呢？孔子以「四勿」回答：「非禮勿視，非禮勿聽，非禮勿言，非禮勿動。」儒家這個「禮」也就相當於佛家的「戒律」，包括了一切生活規範。

除了這「四勿」，孔子又提出了「四毋」：「毋意、毋必、毋固、毋我。」毋意：一切意念都是第六意識所起，用過便休，不要執著，不要攀緣。毋必：一切世間法如果站在形而上的道體看，有什麼是必定要如何的呢？毋固：法門無量誓願學，任何事、任何理，都不要固執己見，而要隨機應變。毋我：本來無我，老子曾說「外其身而後身存」，我們如能把這自私的假我放開，功夫純熟，自然就會現出「常、樂、我、淨」的真我，此時則與天地同休，與日月並壽。

此為修身之道，也是修心法門。

《大學》則針對這「行持」一面，做了一個簡要的程序說明：「知止而後有定，定而後能靜，靜而後能安，安而後能慮，慮而後能得。」

講到這裡，我們可以發現儒家的修持方法歸納起來，也就是佛家的「戒、定、慧」。

孔門心法從孟子死後沒人繼傳。到了漢朝，大家鑽研考據、訓詁，都是在文字上轉，一直到現在還是如此，未言及修持方法。我比諸位早研究幾十年，我的太老師就是經學家，我的老師讀的是八股文，又是前清舉人，他們都沒提到這些觀點。而我由於研究佛法之後，重溫儒理，有此發現。並不是我智慧過人，實在只是因緣湊巧而已。

空花梵行

至於佛家更是注重修持。我們且看名滿天下的禪宗大師六祖，雖然他是利根人，不世之才，但在明心見性，大徹大悟之後，還是跑到獵人隊裡專心潛修了十幾年，而後才出來弘道。此所謂「悟後起修」，否則悟後還是會出問題。

今天時間有限，同時諸位都是大乘根器，所以在八萬四千法門中，我們就概要地談談「六度」吧。

首先談「布施」，布施不一定是拿錢出來，比方說某人有困難，想不開，我幫他出個主意，打開這個難關，也是布施。總之，時時幫助同學、朋友、社會，乃至國家，就是布施。齊家、治國、平天下都包含於此項下。總之，布施就是處處為人，減少私心——貪。而後就要持戒。

「持戒」並非指吃素、拜佛等形式而言，主要的乃就「正心誠意」而論。現在還談不到大徹大悟的「明心見性」，初步只要規規矩矩去做，盡量少動歪念頭。理論上如此，但到了街上看到小姐們穿迷你裙，你能不動心嗎？孟子說：「我四十不動心」。我個人也只是到了「六十才不動心」，我沒孟子的本事大。普通人每天都在動這個是非，動那個是非，都沒有真正守戒——上乘守心戒。所以禪宗不談戒，只是教人從定慧等持下手，但戒卻也自然包括其中。如果不持戒，心不正，怎樣去做工夫？怎麼會有定？盤腿坐了十幾分鐘，腰痠腿麻，一上座就想明天要跟某女朋友約會，跟某男朋友跳舞，一天到晚都在忙亂，哪能片刻定下來呢？還有事業心，名聞利養，出人頭地，大展抱負等等，你能定得下來嗎？所以要守戒，合情、合理、合法，希望大家隨時隨地要觀照自己的念頭。一件事情來了，該不該做，能不能做，這也是戒——應該做的，任何犧牲在所不惜，不該做的，即使流血五步也不能點頭。

再其次就要「忍辱」，人家打你一拳你也不回，辦得到嗎？古人「唾面自乾」這種修養多高，大家做得到嗎？受了侮辱、陷害後不但當時不記恨於心，而且還能以愛心回報，做到「以德報怨」、「慈悲喜捨」，那麼忍辱的功夫就差不多了。如果再以世法的利害觀點來看，「小不忍則亂大謀」，有時甚至「一言喪邦」，所以諸位同學將來到社會上做事，更須要多多體會、多多涵養。

而後就是「精進」，所謂「天行健，君子以自強不息。」不論處世、待人、治學、修道，都必須「苟日新，日日新，又日新」地努力向前，這其中須要相當大的毅力和決心。自古以來學道者如牛毛，成道者如麟角，主要原因就在於不能持之以恆，大多數都是學佛一年佛在心田，學佛兩年佛在大殿，學佛三年佛在西天。如果真能學佛如初，則必定成佛有餘。

現在就要談「禪定」了，初步必須以打坐開始，諸位不妨盤起腿試試看。外形端端正正，安安靜靜地坐著，內心卻此起彼落，五花八門地想著，這就是莊子所謂的「坐馳」，幾乎是靜坐的必經過程，許多人因此望而卻步。怎麼辦呢？心理上的妄念來時不理它，就讓它來，它自然又會走開；去的時候也不要理它。生理上的腰痠腿麻也不去理它，頭疼背痛就讓它疼痛。各種身心變化，各種境界都不去理會，都不去執著，只要保持輕鬆自然的現量境，久了自然氣沉丹田，脈解心開，定然冷灰爆豆，綻放出智慧的火花。

最後就是全部佛法的中心——「般若」。我們看看般若宗的代表作——《心經》，一開頭就是「觀自在菩薩」——「觀」照「自」己「在」哪裡。這句名號很妙地指出學佛門徑——找找看你自己在哪裡，認得了「不生不滅、不垢不淨、不增不減」的這個，才算是認得了自己，才算是自覺，而後才能覺他，才能「止於至善」。

我二十年來把《指月錄》《傳燈錄》一再地反覆熟讀，但怎麼也讀不通，有時覺得無比煩惱。一年不通，三年五年也不通，後來一旦通了，其他的道理也就慢慢懂了。古人說大悟十八回，小悟無數回。頓悟是許多小悟累積起來的，所以必須要「博學、審問、慎思、明辨、篤行」，要常領會，常行持，才會有進步。即如世間科學上基本粒子的發現等，也是由於一點一滴的埋頭實驗、研究，累積而成的。

現在我們所用的思想，只是第六意識的作用，叫做世智辯聰。經過修持，轉識成智以後才是般若，才能明心見性。如《心經》：「觀自在菩薩行深般若波羅蜜多時，照見五蘊皆空……」這裡的「行」字要特別注意，行就是行持，要作工夫，要有恆，要行「深」，精益求精，綿綿密密不斷地修持，才能成就，照見五蘊皆空。「照」為心經之眼，照者觀照也，這時候五眼都有了，才真悟道，才真證到「心、佛、眾生」等無差別。也就是儒家「天人合一」的境界。

諸位教授就要先檢討自己，弄清楚了沒有，大家一天到晚都在無明裡過日子，全受外界影響。早晨起床以後就開始無明，沒有一時一刻在自省、自修。不用心體會的話，往往不會發覺。要使自己沒有妄念，隨時保持自性為而不為，清淨圓明，很難的。貪、嗔、癡、慢、疑隨時出來，而且不斷出來。《六祖壇經》裡臥輪禪師曾經自許：「臥輪有伎倆，能斷百思想。對境心不起，菩提日日長。」諸位同學看了，大概要覺得他很了不起。但是六祖卻不以為然地說：「惠能無伎倆，不斷百思想。對境心數起，菩提作麼長。」因為如臥輪禪師所說「對境心不起」則落了斷滅見。佛法並不是要我們去掉思想，而是要我們「轉識成智」，此時妄念即轉成般若，轉成神通妙用，也就是「化腐朽為神奇」，不到真正悟道是辦不到的。這是我們學佛修道非常重要的一個概念。

限於時間，只好報告到此，希望諸位同學融貫儒、佛兩家宗旨，以及修持方法，好自為之，「為天地立心，為生民立命，為往聖繼絕學，為萬世開太平」，成為入世而出世的通才。

摘自《人文世界》一九七六年夏季第六卷第二期

遙遠的路

【講於《慧炬》月刊社】

我從五十歲開始學佛以來，到現在已經有二十個寒暑。「實證」方面雖然還在學步階段，但「理入」方面確實有些心得。站在比青年學子早走幾步的立場，對各大專院校的講演邀約，我不應該推辭，但是由於心臟病在身，所以不得不加以謝絕。今天周先生要我來，同時頒發儒佛獎學金，因此特地趕來。一方面向諸位得獎者致賀，一方面也藉此說幾句話。

我何以設置儒佛獎學金呢？因為一般佛學獎學金很多，我不想再錦上添花。除此，還有三點主要原因：

第一個原因是有感於目前青年的中文程度太差，說實在話，現在大學生的中文程度還不如我們從前的中學生。五四運動以來，易學易懂的白話文脫穎而出，它以平易近人的姿態普受歡迎，國民教育因而普及。但是古文卻因此被打入冷宮，乏人問津。再隨著科學文明的走紅，文學的身價就一日不如一日了。現在的大學生不但古文不通，白話文也實在讓人不敢恭維。

雖說文學只是整體文化中的一環，但遺憾的是我們五千年的文化寶藏，光榮歷史的智慧結晶，幾乎都和文學結下了不解之緣。幾千年來不但是文哲不分，而且文政不分，文經不分，文武不分，文史不分。現代青年們以此有限的中文程度，如何認識豐富的文化珍寶？又如何吸收？如何發揚？二十一世紀是中國人的世紀，沒有根的中國青年們拿什麼開創一個新的世紀？如何擔負這一時代的大使命？

固然，科學文明是時代進步的先驅，但在人的世界中，科學文明畢竟不是解決一切問題的萬靈丹。人的問題必須靠人的智慧處理，科學文明只是人類智慧發展出的一個結果。在我們五千年的深厚文化中，除了天文、數學、醫藥、工程等驚人的科學成果外，還多的是數不盡的瓌寶。現代青年們隨著時代潮流，由於無知，而盲目地鄙棄中國文化，這是國家的悲劇。

要想重振國勢，重整家風，除了迎頭趕上西方的科學文明外，繼承並發揚中國文化之道統，實為當前刻不容緩之務。

青年們或許會認為這是老年人的落伍觀念，事實上我比諸位要趕得上時代。自從步出私塾後，我就進入教會學校，開始了新文化的洗禮。大學畢業直到現在，作了五十年的生意人，主要從事航業，經常到世界各地接洽業務，因此見聞閱歷不但比諸位廣泛，而且比諸位合乎時宜。我在此強調中國文化之重要，實在是基於有血有淚的時代經驗而來，絕非自我陶醉的陳腔濫調。

第二個原因是，一般人學佛之後，絕大多數偏重於出世精神的涵養。而儒家則提倡入世事功的建樹。我希望諸位青年在接受佛學出世的薰陶之餘，同時參究儒家入世的人倫之理，擔起國家、時代的使命。入世、出世二者能夠圓融，才不失學佛的宗旨，也才是儒家的極則。

第三個原因是儒佛兩家互通之處甚多，而這一重要關鍵很少人注意到，以致有前述第二個原因所提到的流弊。而自稱接孔門心法的宋明理學家，也未透此關，因此鬧出「尊儒闢佛」的笑話。

一千多年前，從印度千里迢迢而來的佛教文化，一進入中國，不但沒有受到排斥，而且和中華文化打成一片，綻放出更為光輝的神采。主要原因就在於我國原有的儒學基礎，和佛家有許多巧合之處。因此，儒家修養對學佛而言，也是不容忽視的一環。

限於時間，我們今天只能就「開宗明義」這大原則，對儒佛兩家作一簡要的探討。

我們都知道，佛門標榜「智悲雙運」。智——不入生死，出世自度的情操；悲——不住涅槃，入世度人的胸懷。同樣的，儒家則不約而同地提出「己立立人，己達達人」的宗旨。

《大學》首章中就標明了「大學之道，在明明德，在親民，在止於至善。」「明明德」即佛家所謂的自悟、自度、明心見性。「親民」即覺他、度人、覺悟有情。最後「止於至善」，即覺行圓滿。儒家就此提出「大同世界」，而佛家則富麗堂皇地陳列出「西方淨土」、「琉璃世界」、「華藏法界」等，外觀雖是各有千秋，但最終極致卻不離一個「道」字。

因此孔子說「志於道，據於德，依於仁，游於藝。」佛家方面，《法華經》強調「唯此一事實，餘二皆非真。」禪宗則拈出了一個「這個」，《華嚴經》

則歸之於「毘盧性海」。

到底儒家所謂的道，以及佛家矢志追求的無上真理，第一義諦，是什麼呢？真的是「此心同，此理同」嗎？

孔子在《易經．繫辭傳》中說：「形而上者謂之道，形而下者謂之器。」「立天之道曰陰與陽，立地之道曰柔與剛，立人之道曰仁與義。」子思在《中庸》裡則說：「道也者，不可須臾離也，可離非道也。」

至於釋迦則在靈山會上對迦葉說：「我有正法眼藏，涅槃妙心，實相無相，微妙法門，不立文字，教外別傳，付囑摩訶迦葉。」傅大士則說：「觀心空王，玄妙難測，無形無相，有大神力，能滅千災，成就萬德，體性雖空，能施法則。」再看《楞嚴經》，更鄭重地提出「色身外洎山河大地，咸是妙明真心中物。」

由此可見儒佛兩家同樣認為「道」、「本性」、「真心」是超然獨立，雖然形而上的無影無相，但形而下的一切卻靠它生成。

「道」除了這神妙難測的性能，兩家又同時認為它還有平易近人的一面。

因此子思說：「君子之道，造端乎夫婦。及其至也，察乎天地。」

而寶誌和尚則感嘆：「大道常在目前，雖在目前難睹。」

所以如果有人要我為「道」下個定義，那麼我只好以數學中的變數「X」作為回答。我們無法讓它固定為某一個定義，因為它實在是涵攝了一切，不僅至大無外，同時又至小無內。

那麼我們將如何發揮這本有的「明德」，使達於「至善」呢？

儒家提出「知止而後有定，定而後能靜，靜而後能安，安而後能慮，慮而後能得」的「內聖」修養路線。但同時強調在「格物、致知、誠意、正心、修身」的「內聖」修養後，還要作「外王」的事功發揮，因此「修身」之下緊接著要「齊家、治國、平天下」。「博學、審問、慎思、明辨」之後還要「篤行」。著重於「君臣、父子、夫婦、兄弟、朋友」等人倫之理的闡述。

佛家則以「戒、定、慧」為總綱，以「信、解、行、證」為入手路線，而演繹出八萬四千法門。在「小乘」出世的自修自度後，還要迴心向大，發揮「大乘」入世的犧牲助人精神。

歸納而言，兩家重點不外「老老實實修行，規規矩矩作人。」

談到這裡，諸位是否反省一下，「大學之道」你們做到了幾分？

孔子曾說：「志於道，據於德，依於仁，游於藝。」看了這個「志於道」的「道」，年輕人的腦子裡大概就浮現出「合氣道」、「跆拳道」、「空手道」等留洋歸國的中國文化。到底「道」是什麼？真成了「古道少人行」，幾乎無人知，無人曉了。

既然無法上達，那麼退而求其次，讓我們看看「據於德，依於仁」吧。

孔子有句名言「弟子入則孝，出則悌，謹而信，汎愛眾而親仁，行有餘力則以學文。」「孝、悌、信、愛、仁」這幾個「為人之本」的條件，做到了多少？

所謂「百善孝為先」，中國數千年來都標榜「聖朝以孝治天下」。時至今日，「孝子」一辭已變成了孝順子女的代名辭。道德觀念的根基起了如此大的轉變，因此「悌、信、愛、仁」等社會教條，也就順理成章地被「生存競爭」、「唯利是圖」等社會風氣所取代。

實非得已，再退而求其末——「游於藝」。這裡的藝，乃指禮、樂、射、御、書、數這六藝之藝。引用到今天，包括了文學、藝術、哲學、科學、政治、經濟、軍事等一切學術。

一層又一層的失望到此，幾乎要令人絕望了。看看大專聯考，科系的錄取標準隨著它們將來賺錢的多少而看漲，看跌。進了校門，腦子裡想的只是「分數」而非「學術」。整個學術界只知盲目地求新，求變。固然學術思想是必須因不同的時間因素，不同的歷史背景而有所轉變，但是我們不能像走馬燈似的，沒有靈魂地亂變。我們必須創立出適合這個時代，具有歷史價值的學術體系。

諸位都是受了大專教育的知識分子，對於國家之恩不能忘，對於父母之恩更不能沒。處此非常時代，你們有著非常的使命。希望諸位在待人處世，建樹事功之際，不要忘了出世的情操，時時拿出「物來則應，過去不留」的氣魄，秉著「功成、名遂、身退」的胸懷，隨時應變。同時更希望諸位在談佛論道之餘，不要忘了時代，不要忘了國家，更不要忘了自己。

摘自《人文世界》一九七六年秋季第六卷第三期

儒佛樂趣

楊管北 講述／李淑君 記錄

今天我帶著一顆快樂的心來，希望和諸位共享，同時希望諸位踏著快樂的腳步，走向你們光明的前程。

我的性情素來開放，因此一向愛說話，提供一己之得。但是自從得了心臟病以後，遵照醫師囑咐，不得不把這份熱情收斂一下，儘量少開口。雖然如此，每逢「慧炬」要我說幾句話，我總是毫不考慮的應約而來。為什麼呢？為了在座的諸位年輕朋友。

禮拜五周宣老打電話問我這次講演的題目，我說實在抱歉，我不喜歡事先定一個題目，範圍住自己，那就成為為演講而演講，再則，這類專題講演，諸位同學也聽多了，所以我今天想和諸位談談，就我所有的一點經驗，提供大家作個參考，希望對大家有所幫助，因此談話的內容，要看諸位反應而定。

雖然今天不能說是講演，只能說是談話，但是談話也要有個主題。本來，我以為今天的聚會是儒佛獎學金頒獎典禮，所以就以「孔顏樂趣」為題。結果進門之後，聽周宣老說，今天除了頒發儒佛獎學金之外，同時舉行粥會，因此，題目臨時再改為「儒佛樂趣」。

為什麼以樂趣為主題呢？如果用生意眼光來看，這是最低成本，最大利潤的原則。大家可不要把它當笑話聽啊！孔夫子早就說過「知之者不如好之者，好之者不如樂之者。」這個層次不僅就境界而言，同時也可以就方法而言。如果我們在理上、事上體會出其中的樂趣，那麼不論求學、作人、學佛、學聖賢，才可能培養出「終日乾乾」的進取精神，才可以修養到超然物外的忘我情操，建立頂天立地的人格，因此，宋明理學家如二程，就提出「尋孔顏樂趣」的為學方針。

什麼是孔顏樂趣呢？在座同學是否能提供你們對這個問題的心得？（全堂默然）既然沒有人發言，那麼我就報告我個人一得之見，供諸位參考。

先看孔子樂趣——可以《論語》的開門三件事為代表：「學而時習之，不亦說乎！有朋自遠方來，不亦樂乎！人不知而不慍，不亦君子乎！」

「學而時習之」，現在學生們讀書，除了聯考大關以外，平時還有期考、月考、週考、抽考。不知道過了多少考關，斬了多少小將，你們才擠進了大學這座窄門。這十幾年的求學過程，你們覺得「不亦說乎」嗎？看你們這副神氣，真是「不亦苦乎」。而孔子卻說「學而時習之，不亦說乎！」為什麼呢？讓我們先研究一下他的求學狀況。

「吾十有五而志於學，三十而立，四十而不惑，五十而知天命，六十而耳順，七十而從心所欲不踰矩。」和我們現在所謂的學士、碩士、博士的過程和造詣，好像是兩個世界。一點不錯，我們現在的「學」是學識，而孔子的學是道學。何以見得？他在《論語》中曾說：「志於道，據於德，依於仁，游於藝。」可見「道」是孔子為學的真正目標。至於我們現在分科教育所傳授的，都只是在「藝」的範圍。「藝」包括：禮、樂、射、御、書、數等六藝，是枝末之學。

「古之學者為己」，為自己追求安身立命的大道。本著「人法地、地法天、天法道、道法自然」的原則，生活中到處是學習的道場。所以孔子聽了曾點說「暮春者，春服既成，冠者五六人，童子六七人，浴乎沂，風乎舞雩，詠而歸。」之後，喟然嘆曰：「吾與點也。」這也就是《中庸》裡面所謂：「君子之道，費而隱，夫婦之愚，可以與知焉，及其至也，雖聖人亦有所不知焉。」因此，孔子在《易經．繫辭》裡則說：「顯諸仁，藏諸用，鼓萬物而不與聖人同憂。」我們說得更簡單一點，這也就是「君子坦蕩蕩」的道理。

相反的，「今之學者為人」。以「藝」——學術為手段，博取世間的名聞利養，既患得之，又患失之，當然就「小人長戚戚」了。因此，古時候的「不亦樂乎」，就變成現在的「不亦苦乎」。

「有朋自遠方來，不亦樂乎！」朋友從美國回來，到咖啡館裡坐坐、聊聊天、喝杯酒、下盤棋，多痛快！但是「今朝有酒今朝醉」之後呢？「明日愁來明日憂」。我們至聖先師絕對不是指此而言。那麼他這句話是什麼意思呢？我們可以給他下一個最粗淺的註解：與君一席談，勝讀十年書。也可以說是孟子「與人樂樂」的境界。這裡的「朋」是就「益者三友」——友直、友諒、友多聞而言。彼此切磋德業，互相啟發，這也就是佛家所謂的善知識。

擴而充之，「無友不如己者」，在每個人身上得到啟發，「見賢思齊，見不賢而內自省。」

「人不知而不慍，不亦君子乎！」有了「學而時習之」，「有朋自遠方來」這三樂的修養，自然就昇華到毀譽一如的境界。這一步大約相當於孔子所謂的「六十而耳順」，無論恭維、批評，乃至惡意中傷，在他說來都如過眼雲煙，無動於衷。用莊子的話說，就是「舉世譽之而不加勸，舉世毀之而不加沮。」到此地步大有滿目雲山皆是樂的味道，當然就一任時人牛馬呼了。

上面是孔子的三樂。至於顏回，他是孔子最得意的學生，深得孔門心法，可惜短命，卅一歲就死了。

我們看《論語》，很多人「問仁」，孔子因材施教，只有對顏回答覆得最徹底「克己復禮謂仁」，存天理，去人欲，「一日克己復禮，天下歸仁焉。」做到了克己復禮，就能明心見性。顏回一點就通，所以接著「請問其目」，於是孔子提出「非禮勿視，非禮勿聽，非禮勿言，非禮勿動」這「四勿」的綱領。由這一段公案，我們可以看出顏回的睿智穎慧，難怪顏回一死，孔子要感嘆「天喪予！天喪予！」

那麼顏回的樂趣在哪裡呢？

「一簞食，一瓢飲，在陋巷，人不堪其憂，回也不改其樂。」這種安貧樂道的情懷，顯然是對孔子「三樂」有所心得的流露。有了這種修養，才能成為「富貴不能淫，貧賤不能移，威武不能屈」的大丈夫。因為他胸中自有丘壑，別有洞府。

現在讓我們看看孟子，他也提出了「三樂」。

「父母俱存，兄弟無故，一樂也。仰不愧於天，俯不怍於人，二樂也。得天下英才而教育之，三樂也。」

雖然所提出的三件事，和孔子有所不同，但卻仍然承襲孔門的一貫道統。「君子務本，本立而道生。孝悌也者，其為仁之本歟？」因此孟子以「父母、兄弟」的人道修養為「三樂」之首。由這個道統觀念發展下來，就形成了「百善孝為先」的社會風氣，以及「以孝治天下」的政治精神。

「人倫之樂」的下一步，就是「仰不愧於天，俯不怍於人」的胸懷。隨時隨地檢點自己的起心動念，是不是沒有一點隱私？是不是光明正大？是不是對得起朋友？是不是對得起社會？是不是對得起國家？這也就是曾子所謂的「吾日三省吾身：為人謀而不忠乎？與朋友交而不信乎？傳不習乎？」在理學家說來，就是「省察存誠」的功夫。

說到這裡使我想起了關西夫子——楊震。當他作太守的時候，王密為了感謝他的提拔，有天夜裡帶了很多錢財，作為謝禮，楊震堅持不肯收。王密就說：現在夜很深，沒有人會知道。楊震於是說出了有名的「天知、神知、我知、你知」，傳為千古佳話。他這種「仰不愧於天，俯不怍於人」的作風，後來卻為人陷害，飲鴆而死。這個樣子，還樂不樂呢？我們可以套句孔子的話「求仁而得仁，又何怨。」他自有心安理得的樂趣。個中三昧，如人飲水，冷暖自知。

經過前面「正心、誠意、修身、齊家」的修養樂趣之後，發而為外用，就是「得天下英才而教育之」。在己立之後進而立人，在己達之後進而達人。

這一點我很慚愧，沒有做到，像你們在座諸位就是英才，你們的教授就是「得天下英才而教育之」，為國家天下造就人才。眼看春風化雨的桃李生機，眼看文化道統的傳遞延續，內心的喜樂當然就難以言喻。

上面所說是儒家的樂趣，現在讓我們看看佛家的樂趣。諸位同學都是學佛的，你們說說看，什麼是佛家的樂趣呢？看你們的樣子，個個面帶苦容，大概每天腦子裡就想著「無常、苦、空、無我」、「苦、集、滅、道」、「苦海無邊」等等，其實佛家同時舉出「常、樂、我、淨」的一面，標舉「寂滅為樂」的宗旨。

從前我剛開始學佛的時候，看到「寂滅為樂」這句話，總覺得很奇怪，明明寂滅了，怎麼還會有快樂？經過日復一日，年復一年的參究，總算略知一二。

我們都知道，這個現有的生命，為業力所轉，充滿了貪、嗔、癡。學佛修道就是要把這些惡念淨化，明心見性，返璞歸真，回到自己本來的天地，自由自在，無拘無束，這就是所謂的解脫，也就是孔子所謂的「從心所欲，不踰矩。」這種跳出三界外，不在五行中的超然境界，在淨土宗說來就是「極樂世界」。這個快樂的天地就在你心中，當你自淨其意，到了念而不念，不念而念的念佛三昧時，極樂世界自然現前。這時候的快樂，絕對不是一般世間快樂所能比擬。

要怎樣才能獲得徹底的解脫，無上的快樂呢？簡而言之，就是一個「淨」字。水淨則沙明，心淨則樂明無念，到達寂滅最樂，進而發出悲、智、願的力量，從「獨樂樂」提昇到「眾樂樂」。所以三藏十二部如果歸納成一個字的話，那就是「淨」。（在儒家說來，就是「正心、誠意」的修養，也就是宋明理學家所謂「主敬」的功夫。）我們如果再追問，如何淨化呢？那就必須經由「布施、持戒、忍辱、精進、禪定、般若」這六度的修行。

「布施、持戒、忍辱、精進」這四種德行，在我們現代的教育中，或多或少會提到，我就不再多作解說。現在我要提起大家注意的，就是「禪定」這步修養。我們都知道佛法是智慧之學，而且是實證之道。但是目前很多學佛的都走淨土宗的路線，以為嘴巴唸唸佛，再做些好事就行了，其實這只能求得人天的福報，因為佛法是出世法，無為法，必須經過「一念萬年，萬年一念」的禪定薰修才能轉識成智，在這修行當中，也有一步步的樂趣，譬如初禪的定生喜樂，二禪的離生喜樂，三禪的離喜妙樂，四禪的捨念清淨。雖然和孔孟之樂的名目不同，但個中境界是一樣的，孔子、孟子的三樂，大體上說來是就事例作橫面的列舉，而佛家的四禪之樂則是就層次作縱面的剖析，擴而充之，則百千三昧，各有不同的樂趣。儒佛兩家參會、對照，更可收相得益彰的效果。

佛家「戒、定、慧」的步驟，在儒家講來就是「知止而後有定，定而後能靜，靜而後能安，安而後能慮，慮而後能得。」「止、定、靜、安」就相當於佛家的禪定功夫。儒家發展到宋明理學家，氣象雖然已經不如往昔，境界也是每下愈況，但卻仍然保留了「靜養」的功夫。到了今天呢？經過五四運動的風波之後，又連連遭劫，大陸上的文化革命，把文化命脈革得奄奄一息，近年意猶未盡，再度掀起批孔揚秦的浪潮，所剩的一點根也幾乎被拔除。中國文化的孔孟之道，就靠這寶島加以維護了。遺憾的是，他們變成了聯考的教條，學生的對頭。在年輕人心目中成為不合時宜的古董。這種教育的嚴重後果實在值得檢討。

今天我對孔孟思想的這番解釋，和一般學校的講解有所不同。寄望於諸位同學的，是盛德大業，是文化命脈。中國文化的復興，中國氣運的重建，這偉大的使命就在你們的雙肩上。希望你們能儒佛貫通，以出世的情操和入世的胸懷，開創一個偉大的新世紀。

【編按：這是楊管北先生，於民國六十五年丙辰十二月十九日，應「慧炬社」之請，所作的一次專題講演，就儒、佛兩家的精神，闡述人生真樂所在，而勉現代青年，貫通儒佛兩家思想，以出世的情操和入世的胸懷，肩負起復興中國文化，重建中國氣運的偉大使命，開創一個偉大的新世紀。

而今管北先生已離此人世，然其遺言，實為今日每一青年所應聆聽而後深思，乃將此一記錄刊出，俾當日未在座親聆清音者，得獲教益，

幸毋交臂失之。】

摘自《人文世界》一九七八年第八卷第三期

附：恩勤九十年

——恭述吾父九十年中行誼

《詩・豳風》：「恩斯勤斯，鬻子之閔斯。」這是三千年前周公低徊歎詠父母鞠育子女之恩勤，也可說中華民族「孝治天下」的一則重要文獻。我的父親今年九十歲，年臻耄耋，人世所難，親朋聽見我父親的高壽，大家齊說福氣好，再說我一家幸福。但是在人子的立場，只覺得父親九十年中對兒子鞠育的恩情——恩斯勤斯——真是無可報答的；看到父親能享此高壽，當然是感到無限的欣幸與安慰，不過，我絕不敢貪天之功，認為是我對父親能善盡孝養之道，相反地，我無時不內省自慚，總覺得子職多虧，事功未立，養體養志，都不能完全做到，深深的辜負了父親對我的培育和期望。在一生坎坷不平的境遇和動亂頻仍的世局中，奔走播遷，幾無寧日，而父親之所以能頤養天和，臻此上壽，我以為乃是由於他的秉賦特厚，而在生活與事業的磨鍊當中，增強了身體的康健和精神的堅毅，交織而成為一股強固充沛的生命力，示現一種偉大而慈悲的人格，同時由於其生平待人處事，一本中正和平之旨，時有為善最樂之心，因此積累的福德極厚，所以能蒙此天庥。古人說：「仁者必壽」，這正是最適當的解釋。

我的父親，是一個極平凡的人，既非奇才異能之士，也無匡世救民之功；但是我以為表現在他平昔生活與事業當中的那種堅毅、刻苦、奮鬥、創造的精神，和慈悲、謹和、容忍的態度，不特是我楊氏家族子孫應奉為典範，而在這個世風日下，人習詐偽的今天，也應該是一種匡時矯俗的良好楷模。顯揚親德，固然是為人子者所應盡的責任，但我執筆寫這篇文章，只是在平平實實的記述我父親的一生，其中絕沒有絲毫誇張鋪揚的世俗意味。我每每感覺到我父親雖是一個極平凡的人，但其生平所行所為，有許多地方，卻不是一個極平凡的人所能做到的，他一生的庸德庸言，正是構成他堂堂正正的完美人格，也使他能從極平凡的生活行為當中顯出其不平凡的人格與精神。我是一個拙於文事的人，只恐怕不能狀述其萬一。

我的家世

要敘述父親的生平，當然先得從我們家世說起，也應先從時代背景說起。我父生於前清同治九年庚午七月廿二日，正是洪楊之亂初平；查曾國荃克復金陵在同治三年，所以吾父生時，正是克復南京後六年，也是天津教案發生的一年，兩江總督馬新貽被刺的那年；同治九年是西曆一千八百七十年，在歐洲正是普法戰爭的一年，也是拿破崙三世兵敗被俘，德意志帝國成立之年。綜合言之，在中國，是滿清中興方盛之日，在歐洲，正是英德勢力鼎盛之時；中國社會經過十餘年洪楊之亂，在江南各省，正是瘡痍滿目。我的家族系統，現在譜牒無存，不能詳述，僅知原籍成都府崇慶州，清代名將楊忠武公遇春，是吾族之遠祖，所以我們的堂名叫「遇春堂」。忠武公之後有遊宦浙江者，浙江水災，遷居江蘇鎮江，先高伯祖珍公與先高祖瑞公兄弟遂落籍鎮江。珍公無出，瑞公生先曾祖父鳴皋公，先曾祖父生先祖鳳林公。當先曾祖父與先祖的時代，遭遇到洪楊變亂，自鎮江城區遷西鄉趙家邊，其地離鎮江城區有五十華里。而且禍不單行，不幸我先曾祖母殷氏，就在這顛沛流離的當中，因產難亡故，先曾祖又攜年方六歲幼子鳳林公，逃難到揚州的東鄉大橋鎮。正當登舟渡江之際，洪楊部隊蜂湧而至。先曾祖所乘的船，揚帆急駛，雖未為追及，但岸上亂箭如雨，集中射擊，父子二人，相依偎抱，生死之際，真可謂間不容髮。這一次的變亂，吾家得以逃此劫難而保存者，僅只先曾祖與先祖二人而已。

先曾祖至大橋鎮後，又繼娶先曾祖母田氏，生先叔祖鳳儀公。自先祖鳳林公成年之後，聘娶先祖母大橋張氏，乃生我父親，是為前清同治九年庚午七月廿二日。父親幼名順源，號鑑泉，序為長子，以下尚有弟兄姊妹八人。到父親八歲之年，大亂初平，隨先祖父母遷回鎮江。幾經離亂與播遷，家貧無以自立，所居僅茅屋數間，環堵蕭然，聊避風雨。先祖為維持生活計，受僱為南北貨行職員，月入微薄，祖母為綢廠紡絲，日以繼夜，以此勤勞所得，聊以補助家用，仍不過僅夠溫飽。正如元微之的詩所說：「貧賤夫妻百事哀！」艱難的生命旅途，只是以勤勞與刻苦來予以克服。

父親的幼年時期

因為家境清貧，父親的幼年，當然不能得到一個接受完全教育的機會，只在鄉村蒙館，即從前的私塾，讀了短短四年的書。惟其如此，所以一般親友，對於我父親一生為人處事之動合繩矩，每為飽學明理之士所不及，因而深致敬佩，在我心目中更建立了崇高偉大的景仰。先祖父母的處境，既貧而且多兒女，父親身為一家長子，勢必早求立業，以補助家用，減少家庭的負擔。最初祖父主張送父親去學洋鐵匠，但先祖母加以反對，認為手工藝成就一生只做一個老司務，無多大出息，不如學生意可以經商立業，至少亦算是一位先生；並且認為我楊家上代，素來讀書，詩禮傳家，既然家貧，無力使子女繼續讀書，但終不能去學一個做洋鐵匠的工人。因為以前的洋鐵匠，是一種小工藝，僅是糊口而已。先祖父母經此討論決定，在父親十四歲的時候，即令去丹徒一爿小油酒店去學生意。某一次，因事走過水閘，失足跌落河中，險遭滅頂，幸而抓住河邊水草，因而得救。經此驚險，乃辭職返家，改入城內正益油酒號學業。由於父親的誠篤勤懇，半年後即得店東另眼相看，每月給薪津制錢六百文，第二年，增至八百文。因家境貧苦，每月收入，都送交先祖母維持家用。父親自少即知節儉，孝順父母。從前一般規矩，學生意或學習工藝等，都是三年畢業，稱為滿師或出師。父親自滿師以後，即入源和裕醬園為頭櫃（領班的大職員）。當了五年的頭櫃，又入恆豐裕醬園為職員，時年二十二歲（清光緒十五年）。該園兼營酒行，代客買賣，專做批發，在當時，為鎮江第一流醬園。父親每月的薪津為二千四百文。又兩年，店東賞識其才能品行，昇為水客，即老式商業中的外埠售貨員，又等於現在公司行號的業務主任。

吾父在恆醬園工作，兢兢業業，辛勤擘劃，業務得以蒸蒸日上，店東得此得力助手，亦以致富。在職十八年，雖則薪津的收入如故，但家中一切開支，均由店東自動負責，每隔三日，即派老司務到家，詢問需要銀錢或何種實物，派人送來。店東職員互信互賴，可謂推心置腹，難能可貴。

父親的中年時期

吾父生長在貧寒的家境裡，童年歲月，都是貧苦中度過。十四歲以後（正當光緒九年以後），為了父母，為了家庭生計，不得不出外習業，青年光陰，正在「黽勉有無」、「孝悌忠信」的力行中過去。一直到了三十二歲（光緒二十七年辛丑），先母薛氏來歸。三十四歲（時光緒廿九年癸卯），家中突遭火災，原有的茅屋，燒得寸草不留。從此只得租賃房屋居住。那時先叔等雖已做事，還不能得力，故全家生活費用，仍須由父親負責。

父親兄弟行輩共五人：先二叔順興公出外廿年，杳無消息；先三叔順程公，做米行生意，因處境甚順，缺乏沉著穩當的經驗，遂致失敗；先四叔順茂公，少時即亡；先五叔順保公，亦業米行，後入麵粉廠為麥務主任，至五十左右即逝。所以我家承先啟後之責，始終依賴父親獨立擔承。凡兄弟姊妹，偶有匱乏，或緊急需用，均由父親予以接濟，婚喪大故，更無不盡力資助。先祖年至七十一歲逝世，喪葬之時，衣衾棺槨，極盡隆重。

父親在恆豐裕醬園任職十八年，平常省吃儉用，積蓄有銀元三百元。及老店東亡故，小店東少不更事，不能合作，乃辭職歸家。因父親平日忠於職守，誠實不苟，所以離職以後，即有同行友好各湊三百元，共同集資一千二百元，創設萬順酒行；因為父親營業的經驗與關係，共推為業務主持人。所有過去與恆豐裕交易的客戶，全部擁集而來，五年以後，營業發達，大有盈餘。不料股東之間，轉因此發生意見，正如古語所說：「共患難易，共富貴難。」人情往往如此。當時三位股東，眼見酒行業務發達，私心頓起，故欲逼迫父親退出，以期專利，父親隱忍退股，分得一千元，另在萬順行間壁獨資創設大順酒行。孰知父親退股以後，萬順酒行之三位老股東中，即有二位死亡。正當父親創設大順酒行裝修完竣，擇日開張的時候，萬順酒行恐其營業受影響，乃多方設法阻止，並指使兩位老股東遺孀，帶了馬桶鋪蓋，睡在大順行櫃檯內，迫使停止開張，聲言寧可承認賠償裝修門面的損失，也絕不能讓父親在此開行，於是父親又復含悲忍辱，放棄其原來計劃。在這種無理取鬧的情形之下，原是通常人情所不能忍受的，每由於利害之爭，不禁一朝之忿，造成難解的仇怨與災禍；但是父親竟能有此雅量大度，能忍能容。這種立身處世的良好風範，居然樹立於闤闠之中，我恐怕世所稱學養兼修之士，也不能輕易做到。

遭此不斷挫折之後，父親並不因而氣餒，又在小魚巷再創設老楊萬順酒行。這次仍是獨力經營，雖然經過不少困難，許多艱苦，終以堅毅的精神予以克服，業務日漸發達，不數年間，其營業區域：西循長江上游，銷至漢口、長沙等地；南循鐵路沿線，銷至蘇、滬、嘉、杭，一躍而執鎮江酒業之牛耳。此時家境，才漸轉佳順。由此可見任何大小事業，都必須從艱難困苦中締造得來，並非徼倖可致；凡是倖致的，譬如在沙灘上建築，基礎終不堅固，經不起外力的打擊；以父親的往事，印證我以後數十年工商業的經驗，這是鐵一樣的定律。在這個階段中，父親的業務雖然發達，卻招來同業的嫉妒，曾被人兩度陷害，涉訟公庭。那時正當軍閥割據時代，司法與行政，勢力與法律，並無什麼界限。並且從前傳統的習慣，以打官司為人生畏途，入衙門如進虎圈，俗話說：「一字入公門，九牛拔不出。」社會風氣，由「訟則終凶」的聖賢遺訓，養成不犯法、不見官為人生的幸福。父親一向老實，性情剛正，言語爽直，又不諳於訴訟手續，結果當然是敗訴。處處吃虧受辱，因此精神與營業，都受重大損失，其中苦況，確非局外人所能瞭解。事後，還是經過人事正義的伸援，才得昭雪，故而還未破產，然而由於人心世道的險惡，所給予的痛苦教訓，都是非常值得體認的。我在那個時候，已略解人事，目見當時父母的苦況，影響頗深，從此生長在憂患艱難當中的我，對於以後一生的做人做事，確有重要的關係。

父親的德行

孝行的感應：當先祖母八十五歲高齡逝世的時候，適逢我國對日本抗戰，舉家遷避在揚州大橋鎮老家；鎮江方面，已被日軍占領；而先祖母早在廿五年前製成的壽材，卻存在鎮江某木行中。那時大橋鎮與鎮江的交通已斷，而且敵軍、土匪、游擊隊等，經常往返擾亂，旅途極不平靖，行人幾為之絕；如要往鎮江取回壽材，其危險實不可名狀。但吾父認為先祖母生前親自監製的壽材，為人子者，不應畏難苟安，而委棄不顧，故決心冒險親往鎮江運回壽材。首途由大橋鎮至江邊佘家坂，僅七華里。時值隆冬臘月，雨雪泥濘，江南澤國，黃土為路，既不能乘車，又難於徒步。但父親仍自勉強步行，四小時中竟跌仆十餘次。寒風凜冽，雨雪淋漓，外穿皮袍，內穿襖褲，都層層溼透，到達佘家坂後，即出高價僱一帆船連夜趕駛鎮江。江南水路，臘月多西北風，故得於當晚到達。這時父親已六十七歲，長髯飄拂，雖路遇日軍，見其年老，未加留難；但運出空棺，亦有許多困難。幸得我老友柳君當時在地方任職，力為幫忙，兩天之中，辦妥手續，得以順利運出。但由鎮江運大橋鎮，逆風張帆，兩天亦不容易到達。時際臘盡天寒，時節氣候，絕無東南風之可能，不料壽材上船之後，駛出不久，即轉為東南風，只有六小時，即抵大橋鎮的中間。當晚壽材運到家中，距離先祖母逝世之時，僅只四天。若非父親純孝所感，事實上絕無這樣容易。語云：「至誠格天」，這種偉大的精神感召作用，真有不可思議的道理。

以德報怨的度量：父親在過去五十年當中，歷盡艱難辛苦，但終以勤苦耐勞，忠誠不苟的精神所克服。以前誣構訴訟，欲陷父親於寃獄的人，事後不但事業失敗，而且無一生存。可是父親既不念舊惡，還秉仁慈博愛之心，照顧他們後人。例如萬順酒行過去同夥，而後欺迫父親的股東某君，到抗日戰爭時候，業已亡故，後來其子亦亡，其孫雖維持祖業，而資金短絀，處境極其艱難而不能維持；父親慨然借助四千銀元，供其週轉，不取息金，某君之孫，乃得勉強維持祖業。佛說：「寃親平等」；儒家教人「興滅繼絕」。父親以幼年貧苦失學，根本未讀過這一類書，只是天性秉賦厚道，出於至誠的心，做到率性的行為，孔子說：「雖曰未學，吾必謂之學矣。」

忠實不欺的商業道德：當父親在恆豐裕任水客職務時，謹慎小心，毫無錯誤。對於人我之間，公私之際，明辨得極其清楚，從未貪取店東公家一文。

有一次，在蘇州出售酒一批於某酒行，不料某酒行因負累太大，受債務逼迫，行主自殺，關門倒賬。當時情況，以父親的立場來說，個人職責與人情都須顧到，處境至為困難，但父親處此困窘局面，依然不驚不懼，行所無事；乃運用其智力，將酒全部取出，絲毫未受損失，且因出售稍遲，市價上漲，盈餘反超出預計之數。回店後以收入全部歸於東家，老店東奇怪的說：「上次你已報明售出價格，何以多出這樣多的貨款？」父親乃向其說明原因，並謂東翁的貨物，不論售價多少，均屬東翁之福，我但任勞而已；如加以乾沒，是為不義之財，我豈敢亂取。老店東感佩其忠誠，堅將盈餘超額之款，送與父親，以示獎勵。因此父親忠實不欺之名，轟動於同業與社會之間，漸成為江浙兩省酒業同業中的巨擘。

父親一生正直，做事從不取巧。自創設老楊萬順酒行，營業進出甚大；但向政府報稅，又非常認真。當時稅務，均由地方紳士承包，每月包辦若干稅額一足，其餘的均歸承包商獨得，故納稅者只交稅款，而收稅者不給稅票。父親認為既然按章納稅，應當依法取得已繳的稅款收據，因此與承包者時起爭執，引起承包者的惱怒，藉故誣陷我家行內之酒逃稅，予以充公。如此興訟數年，方得平反。然父親蒙受的損失，已經不淺。但是二三年後，過去陷害父親的人，都眼見敗落，而父親酒行業務，反蒸蒸日上。天道好還，冥冥中確有一種不可思議的力量支配著，使最後的勝利，終歸於正義者之手。我對於父親經歷的這些事實，每每因深切體認而生懍然戒懼之心，終生服膺，不敢逾越。

父親平生待人處事，每以誠實無欺，作為其惟一的信條，而以此信條運用到商業的經營方面，則是薄利多賣，分量足數，誠實無欺。故老楊萬順之名，遠近皆知，所有往來交易戶，都深知其為人與商業上的信用，交易之中，從來沒有還價，也不用懷疑其貨品不實。父親平生事業之所以從篳路藍縷到發展繁榮，並每能從困難中克服，從失敗中復興，也無不是由於他的不貪厚利與卓著聲譽之故。到了晚年，只用通信接洽業務，營業反更擴大。直至抗日戰爭，始燬於火災。勝利之後，父親還想復業，我因其年事日高，理應高堂頤養，樂其餘年，堅勸不必重理故業。父親至今談及前事，還是興趣盎然，以未能重復舊業，引為憾事。

樂善好施與熱心公益：父親因從貧苦的家庭環境中長成，一生事業，都從貧苦中掙扎起來，所謂白手成家；惟其如此，故對於貧苦的人，極能體恤和同情，凡有困難向其通有無者，莫不慷慨承諾，盡力為之。借債到期不還，從未催討；無力償還者，亦就不再索取，並將債券毀去。但當自己處境困難，得人借貸之助者，一定本利還清，從未欠缺。古人說：「施人慎勿念，受施慎勿忘。」父親常常以此告誡我。因此，其平日對故舊存念之情，也非常殷切，而且必加倍報德於人。當其在貧苦的童年時期，推薦他入正益油行與恆豐裕做生意的，乃是他的表兄；後來表兄亡故，遺子又為啞巴。時值父親在恆豐裕初昇做水客，手頭儲蓄，雖僅有三十元。但卻籌足四十元購一架織襪機，送與那位啞巴學習手藝，以助其謀生。佛經上說：「富貴發心難，貧窮布施難。」父親處在窮困中，竟能如此慷慨資助故舊，實屬難能可貴。這類故事很多，殊難一一引述，但他這種氣度與魄力，對我的一生，卻發生了極大的影響。

抗日戰爭初起，日軍尚未達到鎮江之前，江南江北，交通已形斷絕，而難民麕集江邊，人心惶亂，不可終日。那時我辦有達通小輪公司，父親即令全部輪船開駛，專送難民渡江，並且一切免費。等待難民送完，父親才遷避於大橋鎮，侍奉先祖母。待先祖母逝世後，乃舉家經南通遷於滬上。那時我在重慶。汪偽政權成立，上海租界收回，父親方開始往來鎮江上海之間。看到鎮江貧苦難民眾多，就集合地方少數老友，於冬臘月，出資設立粥廠施粥；在施粥當中，父親親自到場；又因為看到難民中，大凡是知識份子，多數不願到粥廠領粥，乃再在城外開設粥店，以解不願到粥廠領粥者之窘。所售價格，僅為粥本的半數。所謂賣粥，實等於變相的施粥，使志行高潔，恥於嗟來之食者，亦得並受其惠。

那時老楊萬順酒行，已燬於戰火，當時父親惟一事務，就是春天至滬募捐，夏間親往江北買稻，秋間碾米收柴。會同數位老友，分層負責，以備冬臘施粥之用。其時為戰爭期間，我既在重慶，上海捐款亦甚困難，但父親之志，始終不懈，從未因困難而間斷。勝利以後，我返滬上，父親已樂此不倦，興趣更濃，除辦理施粥廠與粥店外，復對於地方公益，以及補助親朋，解決他人失業，推薦職務等事，無不全力以赴，始終如一。此時我既在滬，助其捐款，比較戰時為易，我亦樂於為此，以娛父親之心。這種「老來無事為人忙」的樂善好施精神，又豈是常人所能企及？

父親處骨肉之間

從來至親骨肉之間，最為難處，小則結怨於心，視如陌路；大則至親成仇，滅絕倫常。先祖喪事過後，父親當眾檢點先祖所遺箱中，藏有銅元一千數百十文。即當家人面前取出，全部交與我五叔取去。因知先祖之心，鍾愛其幼子，體念親心，繼志述業。父親既不承受祖父遺產，一切喪葬費用，又一概獨自負擔，以免弟輩負累，有傷友悌之情。其處至親骨肉之間，優容寬厚，每每多如此者。

自洪楊平定以後，因家貧無力修理祖墳，先曾祖與先祖常引為平生憾事。

父親自幼秉受庭訓，深知先人遺志。等到自創老楊萬順酒行後，經濟財力，漸入佳境，就竭力修建祖墳，刻立石碑，使舊時祖先遺塚，淹沒在荒荊蔓草間者，均煥然更新。當時我在幼年，每當清明祭奠，展拜墓門，父親就為講解祖宗遺意，說明傳統精神，安葬先人遺體，必須選擇風水，整砌墳墓之理。此事不獨為「慎終追遠」，出於子孫對先人盡其孝思之心，而且還含有利用地質地形，保存父母骨肉的精良設計。故在我心目中，又種下一強有力的影響。可謂「孝思不匱，永錫爾類」，父親對於孝行又有如此者。

父親對子女教育和言行

父親生長於貧苦家庭，從小只讀四年蒙館。中年以後，雖然成家立業，白手興家，但終以幼年失學為憾。故對於子女教育，極其重視。在我六歲那年，就送我到鄉村私塾發蒙。到了十歲，又命改從名進士支恆榮先生之姪支志箴秀才就讀。兩年後，我十三歲，再命從鎮江名進士鮑心增之子拔貢鮑殿卿、次駉兄弟就學。鮑氏家學淵源，名重當時，且以經學傳世，我一生受益甚多。我十八歲時，父親又命改入潤州小學，以後循序就讀於杭州之江中學，及之江大學、光華大學。三妹亦讀到高中畢業，始出嫁於尹文駒君。四妹之江大學畢業，嫁梁大鵬教授。

當我開始求學，父親年已五十，經濟收入至為微薄。等到創設老楊萬順酒行稍有成就，就將我送入鮑館就讀；每年束脩，約二百銀元。從前購一石米，只須四五枚銀元。三十年前，一個貧寒出身的小商人；三十年後，為了子女讀書，付出如此鉅款，實在為鄉黨所驚奇。當時先叔祖鳳儀公，頗不為然。嘗說父親僅此一子，何必一再讀書，應該及早送到店內學生意，可以培養一個助手。但是父親卻說：讀書志在明理，不是求其作官。不讀書無以立業，更無以立身做人。並且時世在變，不讀書更無以生存。我在當時，只覺讀書甚樂，但對於父親之言，自亦茫然不解其意義所在。及今思之，父親生平對我，只有嚴格的教導，而不加暴厲的打罵。一生只打過我兩次。但如犯有過失，必定加以責罰，從來不肯隨便放過。打我的時候，還要我自搬櫈子，自拿木板送到父親手中，先要認清過錯，才打屁股六下。決不亂打亂罵，以自己情緒的喜怒，隨便加罰子女。父親嘗說：「愛子須愛在心頭，不可放在面上，否則，即為舐犢之愛，不是教子之方。」父親這種「不怒而威」，「教之在德」的精神，現在我年過知命，亦有子孫，但見了父親猶有懔然之心，總覺得有一種正氣懾人的感覺。

父親對我們子女的教育方法，既嚴且愛，同時又極其尊師，以促成子女學業的上進。從前敬師慣例，一年三節是最重要的。故每逢端陽、中秋、年節，對我從學師長所送的禮物，必須親自採購，既極豐盛而又精選配備。如茶必杭州的龍井，宓大昌的香奇煙，東陽的蔣腿，以及其他名產等物。同學中三節敬師禮物，我家送的最好而盡禮。因此，老師對我的學業，亦特別盡心教授。我的個性，又喜歡在正課書外聽小說，故每在課餘，就到說書場去聽說書。最愛聽的是《三國志》《水滸》《西漢》等演義。母親當時認為荒廢學業，影響心理，常加責備。父親卻認為聽書可增長智識，啟發智慧，從來不加阻止。現在想來，覺得這幾部小說給予我人生的啟示，很多益處。傳統文化的精神，雖然一直靠歷代大儒學者們去綿延續絕，但在民間社會真正的影響，深入人心，種下忠孝節義的種子，倒有不少的是這幾部歷史傳統小說所發生的作用。

父親自己讀書雖然不多，而其思想行為，多暗合儒家孔孟之道。畢生固守誠實不欺、勤儉苦幹、忠孝信義的信條。我在少年時代，父親賜我兩個座右銘：一是「學吃虧」；一是「難得糊塗」。知子莫若父，父親深恐我將來被精明自誤，又再三訓誡我：凡事要學糊塗，不可太精明，所謂察見淵魚者不祥，正是此意。父親平常親撰箴言聯語一副，以自警惕，聯文是：「積德雖無人悉，存心自有天知。」復自題橫額：「為善最樂」四字。早晚無事，就向我講解，令永記在心，一生應用不盡。後來我學業完成，在滬上決心從事工商事業。父親仍不時耳提面命，諄諄告誡說：「德者本也」，「財者末也」。為商者固重謀利，然謀厚利，實非正當商人所應走途徑。我雖覺得極為合理，亦已拳拳服膺，但是聽多了也覺得嚕嗦，就說：這些道理，父親從小教我到現在，早已記得爛熟，我現在已成人，可以自立，以後不用再說了。

當時父親聽後，就很嚴肅的向我說：這些道理，極其平常，三歲小兒，都可以記得，恐怕到一百歲的人，也不容易做到，你有多少學問？已做了多少事業？自問對這些道理，做到什麼程度？何以如此輕浮自信。這一番教訓，真是如雷貫耳，聽得我毛骨悚然，所以畢生不敢忘記。我在中年以後，父親又常與我說：與其留錢財於子孫，何如積德於後世；你已有事業基礎，立足社會，不能不知此理。對於這些教誡，我平生時常縈迴於心，直視嚴父更勝良師。反觀父親一生，雖出身貧寒，中年以後，亦薄有財產，而為人處世，既不貪財，又能慷慨施捨，有一諾千金之氣魄。且自奉極儉，平居常穿布衣服，從來不以子孫可以奉養為自滿足，反而戒慎恐懼，惟恐我輩有過份安享行為。嘗說：「克己復禮，天下歸仁。你們要切實做到克己的工夫才對。」一時衰世變，每聞父親之言，真如面對理學經師。

我在滬上經營業務，多及江浙兩省其他都市，加以生性好客，交遊頗廣。父親有鑒於此，常嚴辭誡我，不准參加任何結社，故一生交友，不敢草率附和。惟在北伐軍興，我欲加入國民黨，並且直接參加工作，乃請命於父親，當蒙毅然允許。並說：這是謀國之道，望你好自為之。故我在民國十六年，即參加東路前敵總指揮部工作。

父親在抗戰時期動人故事

民國三十二年正月，我在重慶，受杜月笙先生之託，由重慶至西安，轉道洛陽，設法深入敵軍前方，協助政府貨運管理局接取淪陷區的紗布物資。其時，先母在滬臥病垂危，我猶不知；不料父親在上海得到消息，知道我到河南前線接運紗布，就與先母商量，要設法到商丘，一見闊別七年的兒子。並且說：「我只有一個兒子，如果讓孫兒留在上海，受偽政權的教育，恐怕害了他的前途，希望孫兒能受到正式教育，經戰時苦況，可以鍛鍊心身。」但因麟兒素來是由祖母撫養長成，如兩位老人不同意合作，這一個計劃便無從實現；不料先母聽後，也毅然同意。父親乃設法北行，冒險到達商丘之北的十字河，在敵我前方與我會見。人之常情，亂離重聚，當然有無限悲痛。

但父親一見我面，卻表示異常快樂，將麟兒交與我，笑說：「一代交一代，我無負於你了。」後來才慢慢向我說：母親在滬病重，同時堅決主張我回重慶，不必以母親為念，應以國家為重。殷殷垂詢國事前途，此外即言不及私。這次會面，父親與我，只匆匆談了兩小時，又即離別。愛兒子而阻我回滬，愛孫兒而送麟兒到後方。這種胸襟氣度，完全是由於忠國家，愛家庭，犧牲自己的精神中發揚出來。任何人聽到看到，都不能不為之感動，更何況我這個身受之人？因此，我與父親辭別之時，其心情之痛苦，確非筆墨所能形容。當我對後方紗布物資接運工作全部完成之後，即挈麟兒回到重慶；但距離只有一月，即接母親病逝滬上的消息。母親一生，只有我這一個兒子。抗戰未已，遠離膝下，平日孝養多虧，臥病時又不能親嘗湯藥，侍奉終天，不孝之罪，真可說是百身莫贖。這是我終生恨事，年來每日禮佛，都以瓣香供養，念佛回向，希望母親往生佛國，冀藉佛光而報親恩。

在抗戰期中父親的見識作為是如此；到了民國三十八年內亂，滬上行將失守，父親年齡已高，本不能且不願離滬。但有鑒於共產黨人的言行，又毅然舉家遷來台灣，雖有親友勸其年高勿事遠行，始終不為所動。其見識的卓越遠大，其意志的堅決，更無倫比。十年以來，眼見其孫兒已在美國學成自立，且已成家立業，並見到了曾孫。我雖歷盡艱辛，白髮盈巔，以父在不敢言老。每隨侍奉養在側，父親還常以孩童視我，遇事訓誡，還是不少寬假以辭色。

現階段父親的生活狀況

父親自到臺以後，既乏親戚之情話，亦無老友之歡娛。外出活動既少，以致腿部機能萎縮，步履艱難。而又因秉賦深厚，精神氣力，仍然健旺，每值談笑，還是聲震屋瓦。故其不良於行，深以為苦。我雖遍請中西醫治，都無法痊癒。乃知佛說，生老病苦，確實不虛；此正所謂老病現前的苦厄。人生年事既高，氣力衰頹，生理機能退化以後，人事的變遷凋謝，更影響到心理的寂寞，心理的空虛寂寞，更使生理衰落，兩者互相影響，故有老年晚景的傷感。此為人子者，必須瞭解的要務。我惟恐父親因此而苦惱，設盡種種方法，俾使能有所寄託。在一個人老病之際，我以為最好是宗教信仰，但我父親素來認為人心即是天理，一生行事盡合天心，仰不愧於天，俯不怍於人，何必另求宗教信仰，故屢勸不聽。惟對於佛教，還比較相信，不過止於普通的信仰，亦不肯專誠一志，求其解脫之理。我因學佛以後，深知念佛拜佛的感應事實，與高深奧祕的道理，認為理不止於此。但又無法向其進言，只有每日早晚，求佛加庇。後在父親面前親自念誦《地藏經》一卷，代為祈懺宿孽。開始，父親只默然不語，任我做去。自我以精誠心志，久久行之，忽然發生信心，立即戒食葷腥，長年茹素，並囑我每日為其念誦《地藏經》一卷，《觀世音菩薩普門品》一部，《阿彌陀經》一部。當我每日在父親面前向佛誦經之時，父親亦隨之而念佛號。如此朝夕相對，父子念佛誦經，亦是人間一大樂事。兩年以來，父親的心理轉為安定，雖曰人事，亦緣佛力。

今年四月十六日，父親忽病肺炎，繼之腸又出血，一日之間便血廿餘次，估計瀉血約至四千毫升以上。醫師束手，囑我準備後事。因父親年高九十，本身器官功能，已經減退，絕非服用藥物可以生效。而我的惟一想法和希望，只有輸血。如果新血輸將進去，得到自動循環，將出血部分的傷口凝結，就可得救。於是，乃請西醫輸血。最初開始輸血，反應極為不良，父親心理，又早求解脫，不願意再輸血受苦。我固信佛說：四大和合之身，無所留戀，生死乃分段過程，亦無可畏。但為人子之心，豈肯坐視父母受此痛苦！醫藥既無效力，惟有歸求佛力。故我轉而念佛禮佛，一心至誠懇求。如我父親陽壽已盡，望早為接引往生，免受苦厄，倘餘年未盡，望佛力加庇，令其早日痊癒，勿使纏綿病榻。這一日夜當中，我確心無二念，只有為父哀求佛力庇護的一心而已。如此，至次日，我再請西醫輸血。不料父親安然如睡，隻手接受輸血，不搖不動，達七小時之久。這種情形，即非九十高齡人所能支持，更非我父素性所樂於接受，但結果卻自此康復。兩旬以後，健康還勝於從前，中西醫均認為是一奇蹟，出於醫理之外。這固然可以解釋為父親秉賦特強，體質特殊，但是兩天內，我親身的經歷，鐵般事實的證驗，使人不能不信為父親一生積善修福之報，與佛力加庇之果。

這次病癒以後，我心中之樂，誠非言語可盡，行年知命以外，猶得依依膝下，寧非人生幸運？乃與父親商量，欲為作一次九十壽誕的大慶，以博歡娛。但父親認為我家祖訓，素不做壽，不可有違祖上遺志。父親素來對我說話如命令，我又不敢分辯，而此心終覺耿耿難忘。經過一個多月婉轉勸說，總算勉強同意。不過要我聽從其四個條件，方可允許。即：（一）不鋪張。（二）不請酒。（三）不收壽幛花籃等禮物。（四）將筵席之款，移贈慈善機關。我聽了父訓，都是極其平實可做的事，當然就依教奉行。漸漸的又為少數友好知道此事，請為父親九十大慶發起徵詩文的啟事，我覺得總算未違背父親宗旨，子揚父德，分所當為，因此我也就願以誠摯感謝的心情，領受海內名賢的雅賜。

結論

我寫這篇文章的動機，無疑的是在表揚父親的德行；但是正因為我父親是一個極平凡的人，我又拙於文事，所以只能平鋪直敘，就父親生平的所作所為，實實在在的寫出來，向親友們作一個簡略的報告。不過，我總感覺到像我父親這樣一個平凡的人，他又未有機會受到完全的教育，而在其生平待人處事之中，卻表現了許多極不平凡的想法與作法，這種「不學而能」的原因，正是中國儒家「人皆可以為堯舜」，佛說「人人能成佛」的道理。以上面所述的那些故事為例，如他在恆豐裕醬園任職達十八年之久，由於他的辛勤擘劃，業務已大為擴展，店東也坐以致富，而父親十八年中所積蓄者不過銀元三百枚。他為恆豐裕討回欠貨，卻仍將售貨多餘款項，悉數繳回店東。這種廉潔自守，誠實不欺的精神，若出而任天下國家之事，當然就是歷史上忠臣義士的一般行徑。再如他之不念舊惡，慷慨施與，卹貧救災，以此為樂，這又與宗教家愛仇敵，佛說「冤親平等」的信條相符合。尤其是在抗戰時期，救濟難民，於設粥廠之外，又設粥店之舉，這種布施忍辱之精神表現，絕不是一般僅知施捨錢財來作慈善事業的人所可設想得到的。再如對子女的教育，他不只是毫不吝惜教育的費用，而決定的方針與採取的方式，既合古人教子之道，又能不違背現代的潮流。這種舉措，既非從學識中得來，當然只好歸之於智慧與善業。總之，我父親的人生，跡其行事，如果他早年能受到完全的教育，我敢相信，立德立功立言之大業，他必然都能做到。不過，他雖然始終是一個庸德庸行之人，然而他的人格表現，卻並不愧於任何歷史上的聖賢豪傑。他在我們家庭中來說，我楊氏世代的祖業，是在他的手中興起來，而我們子孫們又正在受著他的福德所庇蔭，我們為子孫的，自應努力於所事所業，以酬親恩，以答天庥。我寫了這篇紀念文字，上以獻給我的父親，下以流傳給我的下一代，要讓他們能瞭解締造的艱難，同時要能接受祖父這種平凡而偉大的人格之感召。

當前國家多難，在千千萬萬同胞不幸的遭遇中，我家父子團聚，使我仍得長依老父膝下，總算是邀天之幸。我父親現在惟一的願望，也就是光復大陸，回到故鄉。因此，我於祝福父親的康強之中，並願同時為我國家民族之早日復興，而致其虔誠的祈禱。

（一九五九年七月二十日）

摘自《人文世界》一九七七年十月第七卷第二期

南懷瑾與楊管北

建議售價・200元

編　　者・劉雨虹
出版發行・南懷瑾文化事業有限公司
　　　　　網址：www.nhjce.com
代理經銷・白象文化事業有限公司
　　　　　412台中市大里區科技路1號8樓之2（台中軟體園區）
　　　　　出版專線：（04）2496-5995　傳真：（04）2496-9901
　　　　　401台中市東區和平街228巷44號（經銷部）
　　　　　購書專線：（04）2220-8589　傳真：（04）2220-8505
印　　刷・基盛印刷工場
版　　次・2017年5月初版一刷
　　　　　2022年1月二版一刷

設計編印 白象文化
www.ElephantWhite.com.tw
press.store@msa.hinet.net
總監：張輝潭　專案主編：吳適意

國家圖書館出版品預行編目資料

南懷瑾與楊管北／劉雨虹編. －初版.－臺北市：
南懷瑾文化，2017.05
面：　公分.
ISBN 978-986-94058-3-6（平裝）
1.楊管北 2.傳記
783.3886　　106002681